Studienbuch Operationalisierungen

Nina Brück · Christian Toth

Studienbuch Operationalisierungen

Methoden und Anwendungen in der quantitativen Sozialforschung

Nina Brück
Johannes Gutenberg-Universität Mainz
Mainz, Deutschland

Christian Toth
TU Kaiserslautern
Kaiserslautern, Deutschland

ISBN 978-3-658-30238-2   ISBN 978-3-658-30239-9 (eBook)
https://doi.org/10.1007/978-3-658-30239-9

Die Deutsche Nationalbibliothek verzeichnet diese Publikation in der Deutschen Nationalbibliografie; detaillierte bibliografische Daten sind im Internet über http://dnb.d-nb.de abrufbar.

© Springer Fachmedien Wiesbaden GmbH, ein Teil von Springer Nature 2022
Das Werk einschließlich aller seiner Teile ist urheberrechtlich geschützt. Jede Verwertung, die nicht ausdrücklich vom Urheberrechtsgesetz zugelassen ist, bedarf der vorherigen Zustimmung des Verlags. Das gilt insbesondere für Vervielfältigungen, Bearbeitungen, Übersetzungen, Mikroverfilmungen und die Einspeicherung und Verarbeitung in elektronischen Systemen.
Die Wiedergabe von allgemein beschreibenden Bezeichnungen, Marken, Unternehmensnamen etc. in diesem Werk bedeutet nicht, dass diese frei durch jedermann benutzt werden dürfen. Die Berechtigung zur Benutzung unterliegt, auch ohne gesonderten Hinweis hierzu, den Regeln des Markenrechts. Die Rechte des jeweiligen Zeicheninhabers sind zu beachten.
Der Verlag, die Autoren und die Herausgeber gehen davon aus, dass die Angaben und Informationen in diesem Werk zum Zeitpunkt der Veröffentlichung vollständig und korrekt sind. Weder der Verlag, noch die Autoren oder die Herausgeber übernehmen, ausdrücklich oder implizit, Gewähr für den Inhalt des Werkes, etwaige Fehler oder Äußerungen. Der Verlag bleibt im Hinblick auf geografische Zuordnungen und Gebietsbezeichnungen in veröffentlichten Karten und Institutionsadressen neutral.

Planung/Lektorat: Stefanie Laux
Springer VS ist ein Imprint der eingetragenen Gesellschaft Springer Fachmedien Wiesbaden GmbH und ist ein Teil von Springer Nature.
Die Anschrift der Gesellschaft ist: Abraham-Lincoln-Str. 46, 65189 Wiesbaden, Germany

Vorwort

Seit einigen Jahren lehren wir Quantitative Methoden im Bachelorstudiengang der Erziehungswissenschaft. Im Zentrum der Seminare steht die Konstruktion eines Fragebogens – mit einem starken Fokus auf der Operationalisierung und den Verfahren zur Verbesserung der Operationalisierung. Über die Semester hinweg haben wir immer wieder in der Vorbereitung und der Neukonzeption und Überarbeitung unserer Seminare, durch Rückfragen von Studierenden und im kontinuierlichen Austausch miteinander festgestellt, dass es zu dieser, aus unserer Perspektive zentralen Basis empirischer quantitativer Forschung an (ausführlicher) Literatur deutlich mangelt – bis auf wenige Ausnahmen wie beispielsweise Döring und Bortz 2016 oder Aeppli et al. 2016 – und dass die Auffassungen hier für Studierende im Bachelorstudium unübersichtlich erscheinen. Nach einiger Zeit beschlossen wir, uns dem sehr umfangreichen und auch riskanten, weil kontroversen Unterfangen zu widmen, ein Studienbuch zu Operationalisierungen in der quantitativen Sozialforschung zu schreiben. Dabei handelt es sich um einen ersten systematischen Versuch einer ausführlichen Darstellung von Operationalisierungen, die vor allem an Studierende und Wissenschaftler*innen, die zum ersten Mal vor die Aufgabe gestellt sind, ein Konstrukt operationalisieren zu müssen, gerichtet ist. Die Betonung liegt hier auf dem Versuch – wir gehen nicht davon aus, dass unsere Darstellung abgeschlossen oder bereits vollständig ist. Andere Forscher*innen mit einem anderen Hintergrund wären vielleicht zu einer anderen Darstellung und einer anderen Systematik gekommen. Wir haben hier versucht, das systematisch zu versammeln und zu einem großen Ganzen zu sortieren, was *uns* in der Literatur gefehlt hat und was wir an Erfahrungen aus unseren Seminaren mitgenommen haben. Gerade Letzteres ist hier sehr stark eingeflossen, sodass wir an vielen Stellen die Darstellungen mit Beispielen verknüpft haben, um das Theoretische zu verdeutlichen.

Neben den Erfahrungen und Materialien aus unseren Seminaren beziehen wir uns hier auch auf unsere eigenen Forschungen (Brück 2019; Toth 2020). Ein besonderes Anliegen ist uns dabei, alle Schritte des Operationalisierungsprozesses kritisch zu reflektieren und dabei auf Konventionen genauso zu verweisen wie auf methodisch geleitete Vorgehensweisen.

Wir beginnen im ersten Kapitel mit einer Darstellung dessen, was in ausgewählten Definitionen unter einer Operationalisierung verstanden wird und widmen uns hierbei fünf Definitionen näher. Anschließend formulieren wir unsere eigene Definition einer Operationalisierung, welche wir sowohl aus der zitierten Literatur als auch aus unseren Seminaren heraus entworfen haben und die sich im Laufe der Jahre als praktikabel erwiesen hat. An dieser Definition, die die Konzeptspezifikation, die Auswahl der Indikatoren und damit einhergehend des Messinstruments sowie die Itemkonstruktion umfasst, orientieren wir uns in den folgenden Kapiteln, in denen wir die verschiedenen Schritte genauer erklären.

Im zweiten Kapitel befassen wir uns zunächst mit der Bedeutung der Operationalisierung für die drei Hauptgütekriterien – Objektivität, Reliabilität und Validität. Dabei stellen wir jeweils verschiedene Aspekte heraus, warum eine sorgfältige Operationalisierung für die Gütekriterien unabdingbar ist. Bei der Objektivität gehen wir auf die Bedeutung des kritischen Rationalismus ein, bei der Reliabilität auf die notwendige Präzision und Gewissenhaftigkeit und bei der Validität auf verschiedene Problemfelder, insbesondere Korrespondenzregeln. Der Fokus des Kapitels liegt auf der Bedeutung für die Validität.

Das dritte Kapitel knüpft daran an und thematisiert die interpretativen Aspekte einer Operationalisierung und inwiefern Grundannahmen, Konventionen und Normierungen mit in die Operationalisierung eingehen und diese beeinflussen. Anhand des Konstrukts Persönlichkeit wird beispielhaft dargestellt, wie verschiedene Ansätze und Paradigmen die Operationalisierung von Persönlichkeit bestimmen. Diskutiert wird dies anhand des Eigenschaftsparadigmas und dem lexikalischen Ansatz.

Im vierten Kapitel befassen wir uns mit den messtheoretischen Grundlagen der Schritte 2–4 einer Operationalisierung. Wir gehen hier auf die Unterscheidung zwischen empirischem und numerischem Relativ und die Zuordnung von numerischem zu empirischem Relativ, auf die Skalenniveaus und die Skalenbildung bzw. die verschiedenen Skalenformen ein – wenngleich für die Bildung einer Likert-Skala nur die ersten beiden Schritte in die Operationalisierung fallen. Wir führen jeweils zentrale Begriffe an und verdeutlichen diese anhand verschiedener Beispiele.

Das fünfte Kapitel formuliert Regeln für die Operationalisierung – aufbauend auf den Ausführungen der bisherigen Kapitel, um vor allem den Gütekriterien und den angeführten interpretativen Aspekten der Operationalisierung Rechnung zu tragen. Dabei gehen wir insbesondere auf Regeln für die Itemkonstruktion, die Formulierung von Fragen und das Antwortformat ein. Auch hier gilt: Die formulierten Regeln sind unsere Empfehlung, es gibt sicher Fälle, in denen es gute Gründe gibt, davon abzuweichen.

In Kapitel 6 wenden wir an, was wir zuvor theoretisch aufgefächert haben, und stellen den Ablauf einer Operationalisierung beispielhaft dar. Wir gehen hier ausschnitthaft, aber ausführlich, auf die vier dargelegten Schritte ein und zeigen anhand des Konstrukts Freundschaft, wie die sechs Schritte der Konzeptspezifikation aussehen können, welche Entscheidungen bei der Auswahl der Indikatoren und des Messinstruments zu treffen sind, welche Aspekte bei der Itemkonstruktion zu berücksichtigen sind und wie Items formuliert werden können.

Kapitel 7 befasst sich mit Verfahren zur Verbesserung der Operationalisierung im Anschluss an einen Pretest und damit letztlich auch zur (fertigen) Konstruktion des Messinstruments. Wir stellen hier zunächst die Faktorenanalyse mit dem Fokus auf einer Hauptkomponentenanalyse zur Identifikation von Strukturen sowie die Reliabilitätsanalyse zur Itemanalyse und Bestimmung der Reliabilität theoretisch dar. Im Anschluss analysieren wir beispielhaft anhand der beiden Verfahren einen Datensatz einer Studentin, den sie im Rahmen eines Seminars von Christian Toth zum Konstrukt Persönlichkeit erhoben hat.

Im achten Kapitel analysieren wir unter Berücksichtigung unserer vorangehenden theoretischen und analytischen Vorgehensweise bereits erfolgte Operationalisierungen anderer Forscher*innen. Dabei gehen wir sowohl auf aus unserer Sicht gelungene als auch auf weniger gelungene Operationalisierungen verschiedener Konstrukte wie Persönlichkeit und Technophobie ein. Als Kriterien dienen uns die zuvor erarbeiteten Regeln, die wir formuliert haben. Wir möchten so an weiteren Beispielen die Bedeutsamkeit von Operationalisierungen praktisch verdeutlichen.

Wir hoffen mit der theoretischen Begriffsdarstellung und der der einzelnen Schritte einerseits und den Praxisbeispielen – dem beispielhaften Ablauf einer Operationalisierung, den exemplarischen Analysen zur Verbesserung der Operationalisierung und der Durchsicht und Beurteilung verschiedener vorhandener Operationalisierungen – andererseits zu einer systematischen Darstellung und Auseinandersetzung sowie zum Verständnis der Bedeutsamkeit von Operationalisierungen in der empirischen Sozialforschung beizutragen.

Frankfurt am Main   Nina Brück
Mainz Mai 2022   Christian Toth

Inhaltsverzeichnis

1 Begriffsklärung Operationalisierung 1
2 Die Bedeutsamkeit von Operationalisierungen
   für die Validität eines Messinstrumentes 27
3 Interpretative Aspekte der Operationalisierung 43
4 Skalenniveaus und Skalenformen 51
5 Vorschläge für Operationalisierungsregeln 73
6 Beispielhafter Ablauf einer Operationalisierung................ 89
7 Analyseverfahren zur Fehlerfindung und Verbesserung
   von Operationalisierungen................................. 113
8 Beispiele für gelungene und weniger gelungene
   Operationalisierungen 141

Begriffsklärung Operationalisierung 1

> **Zusammenfassung**
>
> In diesem Kapitel setzen wir uns damit auseinander, was unter dem Begriff Operationalisierung verstanden werden kann. Der Begriff wird einerseits nicht einheitlich verwendet und andererseits wird er eher stiefmütterlich behandelt, obwohl es sich hierbei um die Grundlage einer jeden quantitativen Forschung handelt. Wir stellen hier sechs ausgewählte Definitionen mit teilweise verschiedenen Auffassungen zum Ablauf und den dazugehörigen Schritten vor. Anschließend formulieren wir unser Verständnis von Operationalisierung und beschreiben die dazugehörigen Schritte.

1.1 Einführung

Für jede quantitative Sozialforschung ist die Operationalisierung das entscheidende Bindeglied zwischen der Idee, einen bestimmten Gegenzustand zu erforschen und dessen empirischer Erforschung. In den Sozialwissenschaften handelt es sich bei solchen Gegenständen entweder um Merkmale von Personen oder Objekten, die wir leicht feststellen können, wie z. B. Haarfarbe, Größe oder Gewicht. Wir nennen solche Merkmale manifeste Merkmale. Sie sind unmittelbar beobachtbar und bedürfen keiner komplexen Definition (vgl. Aeppli et al. 2016, S. 125; Döring und Bortz 2016, S. 224). Genauso kann es sich jedoch um Merkmale handeln, die sich nicht so leicht feststellen lassen, wie z. B. Partnerschaft, Persönlichkeit oder Sportlichkeit, die wir untersuchen wollen. Diese nennen wir latente Merkmale oder Konstrukte oder Konzepte

– die Begriffe beschreiben das gleiche, mal verwenden Autor*innen den einen, mal den anderen Begriff. In beiden Fällen braucht es ein Bindeglied zwischen dem Gegenstand und der empirischen Forschung. Ohne Operationalisierung ist also keine Erhebung empirischer Daten möglich. Nur ist im ersten Fall die Operationalisierung nicht sonderlich kompliziert und die Zuordnung des Gegenstands und der Empirie relativ schnell vorgenommen. Im zweiten Fall – und das ist der, der uns in diesem Studienbuch interessiert – ist eine solche Zuordnung nicht so schnell vorgenommen. Die Operationalisierung (als Bindeglied) ist hier komplexer. Nicht unmittelbar beobachtbare Merkmale, d. h. „theoretisch[e] resp. abstrakt[e] Begriff[e]" (Aeppli et al. 2016, S. 125) bedürfen einer ausführlichen Definition und dem Finden von direkt beobachtbaren Merkmalen, die auf sie hinweisen – sie benötigen eine Übersetzung (vgl. Aeppli et al. 2016, S. 126; Döring und Bortz 2016, S. 224).

▶ **Konstrukt** Ein Konstrukt (oder auch Konzept) ist ein theoretisch komplexes Merkmal einer Person oder eines Objekts oder ein theoretisch anspruchsvoller Begriff. Dementsprechend können wir ein Konstrukt nicht direkt beobachten und somit nicht direkt erheben. Wir können nicht einfach danach fragen, weil wir zunächst nicht wissen wie. Ein Konstrukt muss theoretisch definiert und in beobachtbare Merkmale übersetzt werden, damit wir es erheben können.

Beispiel

Stellen Sie sich vor, Sie möchten das Gewicht einer Person wissen, dann wird Ihnen unmittelbar die Frage „Wieviel wiegst du?" einfallen. Sie haben also schnell eine Vorstellung davon und müssen nicht lange überlegen, wie Sie die Person nach ihrem Gewicht fragen. Beim Körpergewicht gibt es keinen großen Interpretationsspielraum oder keine Unklarheiten. Wenn Sie hingegen wissen wollen, ob eine Person sportlich ist, dann ist das schon schwieriger. Zwar ist der erste Impuls vermutlich genau das zu fragen, aber dann müssen Sie für sich Sportlichkeit übersetzt haben, um die Antwort der anderen Person einzuordnen. Genauso wie die andere Person Sportlichkeit für sich selbst in verschiedene Bestandteile übersetzt haben muss, um auf Ihre Frage antworten zu können, z. B. in die Häufigkeit (wie oft mache ich Sport?) und in die Sportart (welchen Sport mache ich?). Fragen Sie danach eine zweite Person, wird diese Sportlichkeit aber vielleicht ganz anders übersetzen, z. B. in die Form (bin ich stark, schnell oder beweglich?) und in die Belastungsgrenze (wie schnell bin ich außer Atem?). Die inhaltliche Definition eines Konstrukts ergibt sich also nicht natürlicherweise, sondern muss (von Wissenschaftler*innen) sorgfältig vorgenommen werden. ◀

1.1 Einführung

Wir werden uns in diesem ersten Kapitel damit beschäftigen, wie eine Übersetzung theoretisch komplexer *Konstrukte*[1] abläuft und welche Schritte dazugehören *können*. Wir sprechen von ‚können', weil der Begriff der Operationalisierung – wenn er denn erklärt wird – sehr unterschiedlich verstanden werden kann. Bemerkenswert an der Durchsicht einiger Literatur nach dem Begriff Operationalisierung sind also vor allem zwei Aspekte: Erstens wird der Begriff, obwohl die Operationalisierung die Grundlage einer jeden Untersuchung und der Güte eines Instruments (z. B. hinsichtlich der Konstruktvalidität, siehe Kap. 3) darstellt, recht stiefmütterlich behandelt. Nur in wenigen Quellen (z. B. Aeppli et al. 2016; Döring und Bortz 2016) wird dem Begriff umfassend (mehr als wenige Zeilen bis Seiten) Aufmerksamkeit gewidmet. Zweitens wird der Begriff sehr unterschiedlich dahingehend definiert, was die dazugehörigen Schritte und den Ablauf betrifft. Mal erstreckt sich die Operationalisierung von der Definition der Konstrukte bis hin zur Itemkonstruktion (z. B. Aeppli et al. 2016), mal bezieht sich diese nur auf die Angabe von Indikatoren (z. B. Micheel 2010). Wir sehen hier bereits, dass der Begriff Operationalisierung je nach Autor*in weiter oder enger gefasst wird. Auch innerhalb der Operationalisierungsphase werden verwendete Begriffe teilweise unterschiedlich oder auch synonym benutzt.[2] Eine enger gefasste Definition finden wir auch bei den Autor*innen (als einzelnen Schritt), die eine weiter gefasste Auffassung teilen, d. h. worin trotz der Uneinheitlichkeit Konsens besteht, ist, dass mithilfe der Operationalisierung bestimmt wird, „welche Operationen (Handlungen, Reaktionen, Zustände usw.) wir als indikativ für die zu messende Variable ansehen wollen und wie diese Operationen quantitativ erfasst werden. Anders formuliert: Nachdem festgelegt wurde, *welche* Variablen erfasst werden sollen, muss durch die Operationalisierung bestimmt werden, *wie* die Variablen erfasst werden sollen" (Bortz und Schuster 2010, S. 9, Herv. i. O.). Einig sind sich die Autor*innen also dahingehend, dass die Operationalisierung dem oben angesprochenen Übersetzen des Untersuchungsgegenstandes bzw. der Fragestellung oder Forschungshypothese dient. Das heißt, bei der Operationalisierung geht es darum, Merkmale messbar zu machen und Zuordnungsregeln zu finden, wie diese Merkmale messbar gemacht werden.[3] Angesichts des eher irritierenden

---

[1] Im Folgenden verwenden wir Konstrukt, Konzept und theoretische Begriffe synonym.
[2] Die Uneindeutigkeit der Begrifflichkeiten schildert auch Micheel (2010) mehrfach.
[3] Wie genau eine solche Zuordnung aussehen kann, d. h. wie genau wir messen, darum wird es in Kap. 4 gehen. Wir gehen hier zunächst darauf ein, was Operationalisierung theoretisch bedeutet und welche Schritte hierzu notwendig sind.

und teilweise verwirrenden Umgangs mit dem Begriff wollen wir uns hier der Herausforderung stellen, Operationalisierung zu definieren.

Wir werden im Folgenden zunächst ausgewählte Definitionen einiger Autor*innen vorstellen, die ihrerseits dem Begriff Operationalisierung mehr Aufmerksamkeit widmen und hieran aufzeigen, was unter einer Operationalisierung theoretisch verstanden werden kann und wie sich diese Definitionen unterscheiden. Wir beziehen uns hier auf eine Auswahl an Autor*innen, die ein Kapitel speziell mit „Operationalisierung" überschrieben haben, mit Ausnahme von Sedlmeier und Renkewitz, deren Definition wir dennoch für gewinnbringend halten. Wir schauen uns also konkret an, was die Autor*innen unter Operationalisierung verstehen und im entsprechenden Kapitel anführen. Wir haben uns aufgrund des Themas des Studienbuchs darauf beschränkt und führen demnach manche Aspekte näher aus und manche weniger – Aspekte wie die Themenfindung werden nur angesprochen, jedoch nicht näher erläutert. Ebenso werden messtheoretische Grundlagen wie die Zuordnung vom empirischen ins numerische Relativ, Skalenniveaus oder Indexbildung, die zur Operationalisierung dazu gehören, hier nur angeschnitten, da sie gesondert in den Kap. 4 und 5 näher ausgeführt werden. Anschließend werden wir auf Basis der angeführten Definitionen unser Verständnis von Operationalisierung darlegen und die entsprechenden Schritte beschreiben. Auf diesem Verständnis bauen alle folgenden Kapitel auf, insbesondere den idealtypischen bzw. beispielhaften Verlauf einer Operationalisierung (Kap. 6) formulieren wir anhand dieser Schritte.

1.2 Verschiedene Definitionen von Operationalisierung

▶ Wir werden uns im Folgenden mit sechs ausgewählten Definitionen zu Operationalisierung beschäftigen, die uns hilfreich erscheinen, einen Eindruck davon zu bekommen, wie (unterschiedlich) Operationalisierung verstanden werden kann und welche Schritte zur Operationalisierung dazu gezählt werden (können). Die Definitionen sind enger und weiter jeweils gefasst und setzen dementsprechend unterschiedliche Schwerpunkte.

Sedlmeier und Renkewitz (2018, S. 15) beschreiben den gesamten Prozess, durch den Forscher*innen empirische Aussagen gewinnen, als die (disziplinabhängige) wissenschaftliche Methode. Sie gliedern diese in acht Bestandteile

1.2 Verschiedene Definitionen von Operationalisierung

oder auch Schritte (vgl. Sedlmeier und Renkewitz 2018, S. 16), die sie in vier Phasen zusammenfassen. Dabei spielt der Begriff Operationalisierung an sich bei ihnen in der ersten Phase eine Rolle. In dieser geht es um die Entwicklung von Hypothesen auf der Basis von Theorien (vgl. Sedlmeier und Renkewitz 2018, S. 16), d. h. um „Theorie", „Forschungshypothese" und „Präsizierung der Hypothese" (Sedlmeier und Renkewitz 2018, S. 53). Aus einer Theorie wird eine Hypothese oder auch Frage abgeleitet, die anschließend präzisiert werden muss. Diese Präzisierung bezeichnen Sedlmeier und Renkewitz (2018, S. 53) als Operationalisierung, d. h. operationalisieren bedeutet den Autor*innen zufolge das empirische Überprüfbarmachen einer Forschungshypothese: „die Operationen angeben, die sie tatsächlich überprüfbar machen". Präzisiert werden müssen alle Aspekte oder Bestandteile der Forschungshypothese, die noch offen sind, wie beispielsweise eine genaue Definition der genannten Personengruppe, die Definition der enthaltenen Begriffe sowie einen möglichen formulierten Vergleichswert (Vergleich mit wem?). Sie beschreiben dies als ein Ableiten einer „Vielzahl präzisierter Hypothesen" (Sedlmeier und Renkewitz 2018, S. 54). Operationalisieren bedeutet also immer die Übersetzung der Forschungshypothese. Was genau operationalisiert werden soll, hängt also immer von der Formulierung dieser ab. Dabei kann die Forschungshypothese oder Forschungsfrage ‚einfacher' (wie in unserem beispielhaften Ablauf ‚Woraus setzt sich Freundschaft zusammen?') oder komplexer (wie im Beispiel von Sedlmeier und Renkewitz (2018, S. 53, Herv. i. O.): *„Die Sachsen sind intelligenter als die anderen Deutschen"*) formuliert sein. Im Anschluss werden diese Hypothesen nach Sedlmeier und Renkewitz (2018, S. 54) ggfs. noch weiter „formalisiert", indem statistische Hypothesen formuliert werden. Dabei werden die zuvor präzisierten Hypothesen statistisch mithilfe von Populationskennwerten ausgedrückt (vgl. Sedlmeier und Renkewitz 2018, S. 54). Im Anschluss wird die Hypothese überprüft (vgl. Sedlmeier und Renkewitz 2018, S. 55). Zwar wird an dieser Stelle die Entwicklung des Messinstruments bei Sedlmeier und Renkewitz nicht explizit bzw. nicht ausführlich benannt, in den unmittelbar folgenden Beispielen jedoch, in denen beschrieben wird, wie die jeweilige Hypothese operationalisiert wurde sowie an den weiteren Stellen, an denen sich der Begriff Operationalisierung wiederfindet, ist dies ebenso Teil der Operationalisierung. Zum Beispiel schreiben sie, dass eine „gängige Operationalisierung für den sozio-ökonomischen Status (…) das Jahreseinkommen, das auf einer Verhältnisskala gemessen werden kann" (Sedlmeier und Renkewitz 2018, S. 76), ist, oder schildern durch welche Indikatoren das Störverhalten eines*einer Schüler*in gemessen wird (vgl. Sedlmeier und Renkewitz 2018, S. 117).

Expliziter hingegen wird dies bei Aeppli et al. (2016) thematisiert. Auch sie gliedern den Forschungsprozess in mehrere (fünf) Phasen (vgl. Aeppli et al. 2016, S. 51) und verorten die Operationalisierung in der zweiten Phase (vgl. Aeppli et al. 2016, S. 112), der „Untersuchungsplanung". Insgesamt wird in ihrer Darstellung an einigen Stellen jedoch auch eine Verwobenheit der Phasen eins und zwei deutlich. Wann die Operationalisierung sowie die dazugehörigen Schritte stattfinden, unterscheidet sich von der Darstellung bei Sedlmeier und Renkewitz. Grundsätzlich sprechen Aeppli et al. (2016, S. 115) bei der Operationalisierung von Konstrukten vom Messbarmachen. Die endgültige Fragestellung konkretisiert sich auch in Zusammenhang mit „Fragen der Operationalisierbarkeit" (Aeppli et al. 2016, S. 121). Stehen also die Fragestellung und die Hypothesen vorläufig fest, bestehe der nächste Schritt darin, „die verwendeten Begriffe zu definieren und sich Gedanken dazu zu machen, wie sie der Messung zugänglich gemacht werden können" (Aeppli et al. 2016, S. 125). Diesen „Übersetzungsvorgang" (Aeppli et al. 2016, S. 126) beschreiben die Autor*innen als Operationalisierung. Diese setzt sich aus vier Schritten zusammen (vgl. Aeppli et al. 2016, S. 131). Man muss hier jedoch anmerken, dass der Begriff irritierend verwendet wird – einerseits handelt es sich um einen Ablauf mit vier Schritten und andererseits ist der Begriff selbst Teil des Ablaufs und entspricht Schritt vier (vgl. Aeppli et al. 2016, S. 132). Damit ist der Begriff Bestandteil seiner selbst bzw. anders ausgedrückt entspricht er sowohl einer Phase oder einem Abschnitt im Forschungsprozess als auch einem konkreten Schritt innerhalb dieses Abschnitts. Nach Aeppli et al. (2016, S. 131) müssen im ersten Schritt die Konstrukte der Fragestellung identifiziert werden. Im zweiten Schritt der Operationalisierung geht es um die Definition der Konstrukte (wie in deren Beispiel um Lernerfolg und Lernstrategien). Eine solche Definition kann extensional und intensional erfolgen (vgl. Aeppli et al. 2016, S. 127 f.). Die beiden Formen unterscheiden sich darin, dass bei einer extensionalen Definition sämtliche Eigenschaften eines Konstrukts genannt werden. Bei einer intensionalen hingegen wird eine Eigenschaft aus verschiedenen Perspektiven geschildert, d. h., es werden die Eigenschaften genannt, „die den Begriff kennzeichnen und ihn von anderen unterscheiden" (Aeppli et al. 2016, S. 127). Grundlage für das Erstellen einer Definition ist die wissenschaftliche Literatur (vgl. Aeppli et al. 2016, S. 131). Aeppli et al. (2016, S. 128) führen ebenso bezugnehmend auf Döring und Bortz die Möglichkeit einer operationalen Definition an, welche „durch eine Handlungsanweisung bestimmt wird". Wir kommen hierauf nochmal zu sprechen, wenn wir das Verständnis von Döring und Bortz darstellen. Diese ersten beiden Schritte ähneln der Präzisierung bei Sedlmeier und Renkewitz, jedoch beschränken sich Aeppli et al. auf die Konstrukte.

1.2 Verschiedene Definitionen von Operationalisierung

Im dritten Schritt geht es um die „*Auflistung der inhaltlichen Aspekte bzw. Dimensionen*" (Aeppli et al. 2016, S. 132, Herv. i. O.). Hier werden sämtliche Eigenschaften des jeweiligen Konstrukts angeführt, die anschließend ebenso definiert werden müssen (vgl. Aeppli et al. 2016, S. 132). Wie diese Dimensionen definiert werden, hängt davon ab, welche Theorien zur Definition herangezogen werden. Ebenso wie die Definition der Konstrukte ist auch die der Dimensionen „immer *theorie-* bzw. *modellabhängig*" (Aeppli et al. 2016, S. 127, Herv. i. O.). Nach Aeppli et al. (2016, S. 128) kann es „in den Bildungs- und Sozialwissenschaften keine abschließende [sic!], ‚objektiv richtige Beschreibung' geben". Im letzten Schritt der Operationalisierung bzw. dem Übersetzungsprozess geht es nun darum zu überlegen, wie diese Dimensionen überprüft werden können, d. h. wie sie in ein Instrument übersetzt werden können (vgl. Aeppli et al. 2016, S. 128). Aeppli et al. (2018, S. 128) schlagen hier vor, Indikatoren zu bilden, d. h. „[d]irekt beobachtbare Grössen [sic!], die der Erfassung eines Konstrukts dienen" (S. 129) wie beispielsweise Items in einem Fragebogen. Zu diesem Schritt gehört also nicht nur die Bestimmung der Art der Indikatoren, sondern auch deren Formulierung (vgl. Aeppli et al. 2016, S. 129 ff.). Um allerdings diese Indikatoren wirklich erfassen zu können, müssen Antwortmöglichkeiten formuliert bzw. eine Skalierung vorgenommen werden (vgl. Aeppli et al. 2016, S. 133). Wie eine solche erstellt wird, schildern wir in Kap. 4. Das heißt, unter dem eigentlichen Begriff der Operationalisierung fassen Aeppli et al. die konkrete Festlegung der Indikatoren sowie deren Skalierung, die auf das Konstrukt hindeuten bzw. mit denen sich das Konstrukt erfassen lässt.

Micheel (2010) ordnet die Operationalisierung in die dritte Phase („Konzeptualisierung, Operationalisierung und Messen") ein. Er betont jedoch, dass der Ablauf in der Praxis weniger systematisch sei, sondern eher „ein höchst verzahnter und iterativer Prozess" (Micheel 2010, S. 15) und „vor- und zurückgesprungen" werde.[4] Entsprechend der Einordnung geht es Micheel (2010, S. 16) zufolge in Phase drei im Anschluss an die Formulierung einer Forschungsfrage, der Einbindung dieser in bestehende Theorien und der „theoretische[n] Klärung von Begriffen und Konzepten", um die „Übersetzung von theoretischen Begriffen und Konzepten in empirische Messinstrumente. Das heißt, dass man genaue

---

[4] Dies spiegelt sich auch in der näheren Beschreibung beispielsweise der dritten Phase wider, die für (noch wenig eingearbeitete Leser*innen) auf den ersten Blick schwer klar abgrenzbar und irritierend wirkt. Die Betonung der Uneindeutigkeit der Begriffe und des Ablaufs scheint Micheel ein Anliegen zu sein – z. B., dass Begriffe wie „Index, latente Variable, latentes Konstrukt, Dimension, aber auch Skala, Faktor und Komponente ... oft als Synonyme benutzt" (Micheel 2010, S. 47) werden.

Anweisungen zum Messen von beobachteten Sachverhalten (Indikatoren), die mit einem theoretischen Konzept verknüpft sind, angibt". Wie genau die Forschungsfrage erhoben wird, ordnet Micheel in die anschließende Phase („Erhebungsmethoden und Design") ein, auch wenn diese eher gleichzeitig mit der dritten Phase stattfinde bzw. „wechselseitig abhängig von den Operationalisierungen" (Micheel 2010, S. 17) sei. Micheel beschreibt die Messanweisung also als den „eigentlichen" Beginn der Operationalisierung. Er führt jedoch aufgrund der Verzahnung und selten eindeutigen Abgrenzung von Konzeptspezifikation und Operationalisierung sowie der unterschiedlichen Definitionen in der Literatur an, dass ggfs. auch die Dimensionierung nicht zur Konzeptspezifikation, sondern zur Operationalisierung gehören könne (vgl. Micheel 2010, S. 39). Die Dimensionierung bezieht sich darauf, ob das Konstrukt auf theoretischer Ebene verschiedene Eigenschaften aufweist und dementsprechend „anhand einer Dimension oder mehrerer Dimensionen abgebildet" (Micheel 2010, S. 39 wird.[5] Dabei müsse auch geklärt werden, durch wie viele Indikatoren die Dimension abgebildet werden könne (vgl. Micheel 2010, S. 47). Die Anweisung zur Messung besteht darin, „Variablen zu definieren, die Merkmalsausprägungen festzulegen und den Merkmalsausprägungen Zahlen zuzuweisen" (Micheel 2010, S. 40). Entsprechend geht Micheel anschließend auf die Skalenniveaus zur Messung sowie auf die Indexbildung ein, welchen wir uns in Kap. 4 widmen. Micheels Ausführungen spiegeln die Verwobenheit der Schritte stark wider, wir finden dort keine so präzise Trennung und Beschreibung wie bei anderen Autor*innen. Dies erschwert jedoch auch eine (idealtypische) Zuteilung der jeweiligen Schritte, die für das Verständnis der Schritte unerlässlich ist.

Burzan (2015) begrenzt die Phase der Operationalisierung ebenso auf die Übersetzung der Hypothesen. In ihrem Ablaufschema ist die Operationalisierung der Präzisierung des Themas, welche mit der Bildung von Hypothesen und der Entwicklung von Forschungsfragen abschließt, nachgeordnet (Burzan 2015, S. 26). Bei der Operationalisierung gehe es dann darum, „*wie* die präzisierten Sachverhalte gemessen bzw. wie die Forschungsfragen und Hypothesen in empirische Prozeduren übersetzt werden sollen" (Burzan 2015, S. 25,

---

[5] Die Operationalisierung eines eindimensionalen und eines mehrdimensionalen Konstrukts unterscheidet sich dahingehend, dass bei einem eindimensionalen Konstrukt davon ausgegangen wird, dass sich dieses nicht in verschiedene Eigenschaften (Dimensionen) aufspalten oder unterteilen lässt und dementsprechend die Items, mit denen dieses gemessen wird, alle direkt auf das Konstrukt verweisen und nicht auf die Dimension als Eigenschaft des Konstrukts bei einem mehrdimensionalen Konstrukt.

1.2 Verschiedene Definitionen von Operationalisierung

Herv. i. O.). Auch Burzan (2015, S. 39, 42) spricht hier (wie Aeppli et al.) von einem Prozess der Übersetzung. Die Operationalisierungsphase ist abgeschlossen, wenn „ein anwendungsbereites Erhebungsinstrument und genaue Planungen dazu, wann, wo, bei wem, in welcher Situation das Instrument einzusetzen ist" (Burzan 2015, S. 25), feststehen. Für die Operationalisierung beschreibt Burzan vier Schritte: „Begründung der Erhebungsmethode" (1), „Festlegung von Indikatoren und Korrespondenzregeln" (2), „Entwicklung des Erhebungsinstruments" (3), „Treffen weiterer Entscheidungen, z. B. zum Auswahlverfahren und zur Erhebungssituation" (4). Im ersten Schritt geht es darum, die Wahl der Erhebungsmethode transparent zu machen und zu erläutern (vgl. Burzan 2015, S. 39). Den zweiten Schritt beschreibt Burzan (2015, S. 40) als das „Kernstück". Die Indikatoren (beispielsweise als Items) weisen auf die zuvor präzisierten, nicht messbaren Dimensionen oder Begriffe hin (vgl. Burzan 2015, S. 40). Burzan (2015, S. 41, Herv. i. O.) weist hier auf die Relevanz der „Angemessenheit der Indikatoren" als „zentrales Kriterium für die *Gültigkeit* der Ergebnisse" hin. In den Korrespondenzregeln[6] wird formuliert „*wie* der Indikator mit dem Sachverhalt verbunden ist. Dies geschieht oft durch Wenn-dann- oder Je-desto-Verknüpfungen" (Burzan 2015, S. 40, Herv. i. O.), z. B. „[j]e mehr Befragte dem Item zustimmen, desto zufriedener sind sie mit XY" (Burzan 2015, S. 40). Eine Korrespondenzregel zeigt Burzan (2015, S. 40) zufolge also an, was die Messung für das Konstrukt bedeutet, d. h. wie die Beantwortung des Items in Bezug auf die Forschungsfrage zu interpretieren ist. Burzan spezifiziert den 3. und 4. Schritt in Bezug auf drei Erhebungsmethoden: die Inhaltsanalyse, die Beobachtung und die Befragung. Im Rahmen dieses Studienbuchs gehen wir hier nur auf die Befragung ein, die lange „als der ‚Königswegs' der Forschung" (Burzan 2015, S. 93) galt. Gerade hinsichtlich der Operationalisierung stellt sich hier die Herausforderung, „die Forschungsfragen in Fragebogenfragen zu übersetzen. Damit wechselt man sozusagen von der Forscher- in die *Befragtenlogik* (und später bei der Auswertung wieder zurück)" (Burzan 2015, S. 93, Herv. i. O.). Burzan fasst unter die Operationalisierung einer Befragung nicht nur die Itemkonstruktion an sich, sondern auch die Struktur des Fragebogens (vgl. Burzan 2015, S. 93. Im Gegensatz zu den vorherigen Autor*innen beschreibt

---

[6] Micheel (2010, S. 39 f.) definiert diese anders: Die Angabe „genauer Anweisungen zum Messen von beobachtbaren Sachverhalten (Indikatoren), die mit einem theoretischen Konstrukt verknüpft sind" werde „auch als … die Angabe von Korrespondenzregeln bezeichnet". Damit wird die Angabe wie die Indikatoren gemessen werden, hier als Korrespondenzregel bezeichnet.

Burzan recht ausführlich die notwendig zu treffenden Entscheidungen hinsichtlich des Erhebungsinstruments (hier: der Befragung). Dabei thematisiert sie zunächst, dass entschieden werden muss, auf welche Form der Kommunikation[7] man zurückgreift und hiermit jeweils verschiedene Vor- und Nachteile einhergehen, die es abzuwägen gilt. So biete eine Face-to-Face-Befragung beispielsweise den Vorteil die Befragungssituation im Hinblick auf die Anwesenheit und mögliche Beeinflussung durch andere Personen zu kontrollieren, jedoch sei dies mit einem erhöhten Zeitaufwand sowie beispielsweise Fahrtkosten verbunden (vgl. Burzan 2015, S. 94 f.). Weitere zu entscheidende bzw. zu beachtende Aspekte, die in der Entwicklung des Instruments eine Rolle spielen, seien die Dauer der Befragung, mögliche Antwortverzerrungen sowie die Art der Fragen – ob es sich z. B. um geschlossene Fragen handelt, ob Filterfragen notwendig sind oder auch ob und wie Ein- und Überleitungsfragen formuliert werden (vgl. Burzan 2015, S. 96 f.). Gerade in Bezug auf diesen letzten Aspekt schildert Burzan, dass bei der Formulierung verschiedene Regeln zu beachten sind, wie die Kürze, Verständlichkeit und Eindeutigkeit der Items oder das Vermeiden von Anbiederung, Überforderung und Suggestivfragen (vgl. Burzan 2015, S. 98 f.). Die Verständlichkeit und Eindeutigkeit bezieht sich ebenso auf das Antwortformat, hier kommt zudem die Vollständigkeit hinzu – allerdings muss die „Differenziertheit der Antwortmöglichkeiten zur Hypothese oder Forschungsfrage passen" (Burzan 2015, S. 99). Auch die mögliche Bildung eines Index muss hier berücksichtigt werden, da hierzu jeweils die gleiche Anzahl an Antwortmöglichkeiten notwendig ist (vgl. Burzan 2015, S. 99). Zudem muss entschieden werden, ob es sich um eine gerade oder ungerade Anzahl von Skalenpunkten handelt und wie diese beschriftet werden – grafisch, verbal und/oder numerisch (vgl. Burzan 2015, S. 99 f.). Ebenso relevant ist die Reihenfolge der Items, beispielsweise dahingehend, ob die Beantwortung vorheriger Fragen auf andere ausstrahle oder in Bezug auf die Platzierung der Fragen, je nachdem wie schwierig diese zu beantworten sind (vgl. Burzan 2015, S. 100). Dabei kann auch eine Berücksichtigung der zu befragenden Gruppe hilfreich sein (vgl. Burzan 2015, S. 103 f.). Burzan (2015, S. 101) nennt zudem die Beachtung des Layouts beispielsweise hinsichtlich der Schrift, des Hintergrunds oder der Übersichtlichkeit. Sie nennt auch den Pretest an dieser Stelle, vor allem, um grobe Fehler korrigieren zu können, in ihrer Aufzählung geht es jedoch in erster Linie um die Dauer, Verständlichkeit und Eindeutigkeit der Formulierungen (vgl. Burzan 2015,

---

[7] Burzan (2015, S. 94) geht hier von der „weitgehend standardisierte[n] Variante von Einzelbefragungen" aus.

S. 101), weniger um das Überprüfen der Operationalisierung mittels Faktoren- und anschließender Reliabilitätsanalyse. Die Ausführungen Burzans (2015, S. 102 f.) erstrecken sich ebenso auf die Interviewer*innenschulung, wie sich diese während der Erhebung und bei der Akquise verhalten sollten sowie auf den Umgang mit Verweigerungen an einer Teilnahme. Burzans Ausführungen erstrecken sich also über mehr Phasen als beispielsweise die Definition nach Sedlmeier und Renkewitz, beginnen jedoch später als bei Aeppli et al. und zusätzlich fallen Schritte der Testkonstruktion bzw. der Konstruktion des Erhebungsinstruments in die Phase der Operationalisierung.

Ein ähnliches Verständnis findet sich bei Tausendpfund (2018). Auch er formuliert, dass die Operationalisierung „die theoretische und empirische Ebene in einem Forschungsprojekt" (Tausendpfund 2018, S. 107) verbinde und ihr die Konzeptspezifikation der nicht direkt beobachtbaren theoretischen Begriffe vorausgehen müsse. Daran schließe sich die Formulierung von Hypothesen an, beides falle aber noch in den Bereich der Theorie (vgl. Tausendpfund 2018, S. 107). Die eben genannte Verbindung durch die Operationalisierung besteht darin, dass „den theoretischen Konzepten beobachtbare Sachverhalte zugeordnet werden" (Tausendpfund 2018, S. 107 f.) – in Form von Indikatoren. Hierzu benötige es Korrespondenzregeln. Wir finden also auch bei Tausendpfund (2018, S. 108) den Begriff Korrespondenzregeln, er fasst diesen jedoch nicht wie Burzan, sondern wie Micheel auf: als Zuordnung beobachtbarer Indikatoren zu einem theoretischen Konstrukt. Zentral bei dieser Zuordnung sei die Eignung[8] des Indikators, um keine falschen Hypothesen zu bestätigen oder richtige Hypothesen zu widerlegen. Auch Tausendpfund (2018, S. 108) bekräftigt daher wie Burzan die Begründung von Indikatoren. Aufgrund des interpretativen Moments, auf das wir noch näher eingehen werden (insbesondere in Kap. 3), können Operationalisierungen zu demselben Konstrukt unterschiedlich ausfallen. Nach Tausendpfund (2018, S. 109) müsse an dieser Stelle erneut eine Literaturrecherche hinsichtlich verschiedener bereits vorhandener Operationalisierungen stattfinden und diese anschließend in Bezug zur „Forschungsfrage diskutiert und gegeneinander abgewogen werden". Insgesamt sind für die Operationalisierung also zwei vorbereitende Schritte zentral: Zunächst muss eine sorgfältige Konzeptspezifikation erfolgen und erst nach Abschluss dieser kommt der zweite Schritt, der sowohl im Wissen über bereits vorhandene Operationalisierungen als auch in der Begründung und Abwägung der Indikatoren besteht (vgl. Tausendpfund

---

[8] Nach Tausendpfund (2018, S. 111) ist die „angemessene Operationalisierung von sozialwissenschaftlichen Konzepten (…) eine Herausforderung".

2018, S. 114). Tausendpfund beschreibt im Kontext der Operationalisierung ebenso wie Micheel messtheoretische Grundlagen (Abbildung des empirischen Relativs ins numerische, Skalenniveaus, Indexbildung), auf welche wir in Kap. 4 eingehen werden. Zudem thematisiert Tausendpfund hier die Gütekriterien der Operationalisierung, mit welchen wir uns in Kap. 3 auseinandersetzen.

Ähnlich wie Aeppli et al. beschreiben Döring und Bortz (2016) die eigentliche Operationalisierung als einen Schritt innerhalb der gesamten Phase der Operationalisierung. So ist das Kapitel mit „Operationalisierung" überschrieben, aber die Konzeptspezifikation und Operationalisierung in zwei aufeinander folgenden Schritten angegeben (vgl. Döring und Bortz 2016, S. 222). In der Phase der Operationalisierung wird „durch die Auswahl von Indikatoren und Datenerhebungsinstrumenten" entschieden, „wie die Konzepte zu messen sind, d. h., wie Objekten mit unterschiedlicher Variablenausprägung aussagekräftige quantitative Messwerte zuzuordnen sind" (Döring und Bortz 2016, S. 222). Dabei kann es sich um bereits vorhandene sowie um eigenständig entwickelte Instrumente handeln. Bei der Spezifizierung eines Konstrukts geht es den Autor*innen zufolge um die Formulierung einer Nominaldefinition, d. h. die Umformulierung des noch nicht bekannten Begriffs bzw. Konstrukts in „bereits bekannte Begriffe", welche „als nicht weiter erklärungsbedürftig gelten" (Döring und Bortz 2016, S. 224). Demnach basieren Nominaldefinitionen immer auf bereits existierenden Forschungen und Theorien (vgl. Döring und Bortz 2016, S. 225). Wie wir bereits bei Aeppli et al. gesehen haben, können diese auf zwei unterschiedliche Arten formuliert werden – intensional und extensional. Erstere sei dabei die häufiger verwendete Form, bei welcher das Konzept durch mögliche zugehörige Eigenschaften beschrieben werde und damit gegenüber Begriffen, die diese nicht enthalten, abgegrenzt werden könne (vgl. Döring und Bortz 2016, S. 225). Eine extensionale Definition hingegen erfolge durch Vergleiche. Döring und Bortz (2016, S. 225) nennen für das Konzept „gewalthaltige Computerspiele" hier verschiedene Spiele, die damit verknüpft werden können. Die Autor*innen schildern ebenso wie bereits in den vorher genannten Definitionen das interpretative Moment dahingehend, dass es keine richtigen oder falschen Nominaldefinitionen gebe, da sie sich immer auf die konkrete Forschung beziehen würden (vgl. Döring und Bortz 2016, S. 225). Finden sich in der Literatur für „theoretisch umstritten[e] Konzept[e]" (Döring und Bortz 2016, S. 226) verschiedene Definitionen – was vermutlich auf die meisten Begriffe in den Sozialwissenschaften zutrifft –, sei eine angebracht, bei der die verschiedenen Definitionen abgewägt und die folgende Entscheidung begründet werden müsse. In Bezug auf die eigene Forschung bedeute dies, dass man „entweder die einschlägigste Definition herausgreifen und übernehmen/anpassen oder zunächst mittels

1.2 Verschiedene Definitionen von Operationalisierung

Bedeutungsanalyse alle vorliegenden Definitionsvorschläge analysieren und auf dieser Basis eine Auswahl treffen oder eine Modifikation vornehmen kann" (Döring und Bortz 2016, S. 226). Die bisherigen Ausführungen zur Formulierung einer Nominaldefinition beziehen sich also auf bereits (häufig) erforschte Konzepte, zu denen entsprechende Konzeptspezifikationen vorliegen. Handelt es sich jedoch um „neu[e] oder bislang wenig untersucht[e] Gegenständ[e]" (Döring und Bortz 2016, S. 226), muss das Konzept eigenständig spezifiziert bzw. präzisiert werden. Dazu müsse eine Dimensionsanalyse vorgenommen werden, durch die die Eigenschaften eines Konzepts erarbeitet werden und die ebenso in der Formulierung mehrerer Nominaldefinitionen mündet (vgl. Döring und Bortz 2016, S. 226 ff.).

Im ersten Schritt („Ideen- und Materialiensammlung") werden verschiedene Arten von Quellen wie beispielsweise Zeitungsartikel, Erfahrungen oder wissenschaftliche Literatur herangezogen, um sich einen möglichst breiten Überblick über den zu erforschenden Gegenstand zu verschaffen (vgl. Döring und Bortz 2016, S. 226 f.). Im zweiten Schritt werden die Ergebnisse der Recherche „nach Ursache-Wirkungs-Relationen, nach zeitlichen Abläufen oder logischen Strukturen (z. B. vom Allgemeinen zum Speziellen)" (Döring und Bortz 2016, S. 227) systematisiert. Dabei sollten alle Eigenschaften umfassend aufgefächert werden (vgl. Döring und Bortz 2016, S. 227), um im nächsten Schritt hieraus diejenigen auszuwählen, die man für geeignet hält. Diese Auswahl muss natürlich begründet werden. Dabei sollten beispielsweise die zur Verfügung stehenden Ressourcen sowie der Bezug zur Forschungsfrage eine Rolle spielen (vgl. Döring und Bortz 2016, S. 228). Anschließend wird für jede Dimension eine Nominaldefinition formuliert (vgl. Döring und Bortz 2016, S. 228). Nach Abschluss der Konzeptspezifikation folgt die eigentliche Operationalisierung. So wie bei der Konzeptspezifikation die Nominaldefinition das Ziel ist, ist bei der Operationalisierung die operationale Definition, welche in die vorher erfolgte theoretische Spezifizierung eingebettet ist, das Ziel. Bei der Operationalisierung geht es wie oben bereits angeführt darum, „anhand welcher beobachtbaren Variablen (**Indikatoren**) die Ausprägung des theoretischen Konzepts bei den Untersuchungsobjekten festgestellt werden soll" (Döring und Bortz 2016, S. 228, Herv. i. O.). Damit einher geht „die **Festlegung der Messinstrumente,** mittels derer den Ausprägungen der einzelnen Indikatoren jeweils entsprechende numerische Werte zugeordnet und zu einem Gesamtmesswert für das Konstrukt verrechnet werden" (Döring und Bortz 2016, S. 228, Herv. i. O.). Anders als die vorherigen Autor*innen gehen Döring und Bortz recht ausführlich auf verschiedene theoretisch zu treffende Entscheidungen ein (bei Burzan handelte es sich um eine ausführliche Darstellung formaler Angaben): Bei der

Operationalisierung ist demnach auch zu entscheiden bzw. zu beachten, ob es sich um Einzelindikatoren oder um mehrere Indikatoren sowie ob es sich um reflektives oder formatives Messmodell handelt und welche Variablen abhängig bzw. unabhängig sind (vgl. Döring und Bortz 2016, S. 228 ff.). Welches Messinstrument für die konkrete Forschung geeignet ist, hängt ebenso wie beim dritten Schritt der dimensionalen Analyse sowohl mit theoretischen Aspekten als auch mit vorhandenen Ressourcen zusammen (vgl. Döring und Bortz 2016, S. 228 f.). Die Autor*innen schildern wie Tausendpfund, dass durch die Erhebung mehrerer Indikatoren „die verschiedenen Aspekte eines komplexen theoretischen Konstrukts möglichst vollständig abgebildet werden und somit wirklich das erfasst wird, was gemessen werden soll" (Döring und Bortz 2016, S. 229). Dennoch könne es auch Gründe für die Verwendung eines Einzelindikators bei einem komplexen Konstrukt geben, beispielsweise wenn dies zusätzlich erhoben werde (vgl. Döring und Bortz 2016, S. 229). Werden mehrere Indikatoren zusammengefasst, müsse die Auswahl sowie die Reihenfolge gut begründet und das Instrument in Hinblick auf seine Güte überprüft werden. Wie die Indikatoren zusammengefasst werden, hängt davon ab, wie das Ursache-Wirkungs-Verhältnis aufgefasst wird. Dementsprechend werde entweder ein reflektives Messmodell oder ein formatives Messmodell angenommen. Ein reflektives Messmodell geht mit der Bildung einer psychometrischen Skala einher und der Annahme, dass das **„theoretische Konstrukt als Ursache** und die **Indikatoren (…) als Wirkungen"** (Döring und Bortz 2016, S. 229, Herv. i. O.) fungieren. Dabei korrelieren die Indikatoren untereinander, da sie „einander **formal und inhaltlich ähnlich"** (Döring und Bortz 2016, S. 230, Herv. i. O.) sind. Formative Messmodelle gehen mit der Bildung eines Index einher und sehen **„Indikatoren als Ursachen"** an, demnach ist die „Ausprägung des **Konstruktes** (…) **eine Wirkung** der Indikatoren" (Döring und Bortz 2016, S. 230, Herv. i. O.). Das Verhältnis der Indikatoren untereinander ist hier im Vergleich zum reflektiven Messmodell gegenteilig. Hinsichtlich der Operationalisierung abhängiger und unabhängiger Variablen führen Döring und Bortz (2016, S. 230 f.) an, dass abhängige Variablen bzw. deren Ausprägungen sehr differenziert gemessen werden – sie führen hier sechs Möglichkeiten der Operationalisierung wie beispielsweise entsprechend der Häufigkeit an. Unabhängige Variablen enthalten hingegen meist wenige Abstufungen (vgl. Döring und Bortz 2016, S. 231). Zudem sei relevant, wann abhängige Variablen erhoben werden – im direkten Anschluss an eine Intervention oder prozessbegleitend (vgl. Döring

1.2 Verschiedene Definitionen von Operationalisierung

und Bortz 2016, S. 231). Zur Messung dieser werde meist auf psychometrische Skalen sowie Indizes zurückgegriffen (vgl. Döring und Bortz 2016, S. 231). Unabhängige Variablen sind ursächlich für die Wirkung der abhängigen Variable und dienen als Gruppierungsvariable. Gruppiert wird dabei beispielsweise das Alter oder anhand von Interventionen (vgl. Döring und Bortz 2016, S. 231). Auch bei der Operationalisierung verweisen die Autor*innen auf das interpretative Moment, auf welches wir in Kap. 3 eingehen, welches auch bei der Interpretation der Ergebnisse zu berücksichtigen sei, da diese immer in Zusammenhang mit den herangezogenen theoretischen Definitionen zusammenhängen und beispielsweise das gleiche Verhalten in einer anderen Studie aufgrund einer verschiedenen Konzeptspezifikation und Operationalisierung anders gedeutet werde (vgl. Döring und Bortz 2016, S. 232). Im Anschluss gehen Döring und Bortz an dieser Stelle näher auf messtheoretische Grundlagen (Skalenniveaus, Skalenformen, Messung durch Einzelindikatoren, Skalen und Indizes) ein, worauf wir in Kap. 4 zu sprechen kommen.

Wir haben uns nun einige Definitionen angeschaut, weitere finden sich beispielsweise bei Böhm-Kasper et al. (2009), Pospeschill (2013), Rost (2013), Kromrey et al. (2016) oder Häder (2019).

In der obigen Zusammenstellung sehen wir, dass manche Definitionen komplexer und differenzierter sind als andere sowie dass unterschiedliche Schwerpunkte in den einzelnen Definitionen gesetzt werden. So werden manche Aspekte nicht angesprochen, die in anderen relevant sind oder zumindest genauer beschrieben werden wie beispielsweise Regeln zur und die Konstruktion von Items oder die Art des Messmodells sowie die Definition mehrerer Dimensionen. Wir können also feststellen, dass sich das Verständnis der Schritte und Phasen, die zu einer Operationalisierung gehören, deutlich voneinander unterscheiden und wir in der Literatur sowohl eng gefasste als auch weit gefasste Definitionen finden. Trotz der Unterschiede lässt sich bei allen Definitionen eine Gemeinsamkeit ausmachen: Eine Operationalisierung wird immer als die Übersetzung eines theoretischen, nicht direkt beobachtbaren Konzepts in direkt beobachtbare Merkmale (Indikatoren) verstanden. Wir schließen uns in diesem Buch einer weit gefassten Definition von Operationalisierung an. Dementsprechend gehört für uns die Konzeptspezifikation zur Operationalisierung dazu, da wir ohne diese gar nicht wüssten, was wir wie übersetzen sollten – ohne Konzeptspezifikation kann es auch keine Operationalisierung geben.

1.3 Was verstehen wir unter einer Operationalisierung?[9]

▶ Im Folgenden legen wir – basierend auf den obigen Ausführungen – *unsere* Auffassung einer Operationalisierung dar, welche die Definition des Konstrukts (Konzeptspezifikation, siehe oben z. B. Döring und Bortz 2016; Aeppli et al. 2016), die Festlegung des Messinstruments und die Auswahl der Indikatoren (die eigentliche Operationalisierung, siehe oben) sowie die Itemkonstruktion (ebenfalls Operationalisierung, siehe oben z. B. Burzan 2015) umfasst. Wir formulieren unsere Auffassung gleichermaßen als eine Art Anleitung im Sinne des Studienbuchs.

Bevor wir mit der Definition des Konstrukts beginnen, haben wir uns überlegt, worum es uns geht – ob beispielsweise um die Entwicklung eines Instruments zu einem Konstrukt und damit um die Forschungsfrage „Woraus setzt sich XY zusammen?" oder ob es um den Zusammenhang verschiedener Konstrukte geht, die jeweils einzeln definiert werden müssen, wie beispielsweise „Spielen Geschwisterbeziehungen für Kinder eine größere Rolle als Freundschaften?". In diesen Forschungsfragen deutet sich an, dass wir bereits alltagsbezogen oder ggfs. aufgrund bisheriger theoretischer Auseinandersetzungen mit der Thematik eine Ahnung von den Konstrukten haben. Haben wir überhaupt keine Vorstellung vom Thema, muss zur Absteckung des Themenbereichs zunächst eine Literaturrecherche erfolgen. Ähnlich wie beim Schreiben einer Hausarbeit oder beim Schreiben eines Artikels lässt sich ohne eine Ahnung oder Vorstellung vom Thema auch keine Fragestellung formulieren. Wir sprechen im Folgenden von *einem mehrdimensionalen* Konstrukt und orientieren uns daher an der Forschungsfrage „Woraus setzt sich XY zusammen?".

---

[9] Wir haben dieses Vorgehen über einige Jahre hinweg in Seminaren, in denen Studierende eigene Fragebögen entwickelt haben – bei Schritt 4 (Itemkonstruktion) beziehen wir uns dementsprechend nur auf schriftliche Befragungen –, durchgeführt und durch Rückmeldungen von Studierenden immer wieder modifiziert. Wir gehen nicht davon aus, dass dieses Vorgehen deshalb „richtiger" sei oder keiner weiteren Anpassung bedarf, nur davon, dass es in dieser Form funktioniert hat und wir es erprobt haben. Da es sich um ein Studienbuch und damit um die Zielgruppe Studierender handelt, erscheint uns diese im Seminar erprobte Vorgehensweise für den hiesigen Kontext besonders geeignet. Wir nennen im folgenden Abschnitt nicht an jeder Stelle, welche Schritte wir von obigen Autor*innen übernommen haben und wo wir uns anschließen oder wo wir abweichen. Unser Vorgehen ist im Laufe der Zeit als ein „Mix" aus den unterschiedlichen oben dargestellten Herangehensweisen und Definitionen entstanden.

1.3 Was verstehen wir unter einer Operationalisierung?

▶ **Schritte bei der Operationalisierung eines Konstrukts** Basierend auf den obigen Ausführungen und zahlreicher Erprobungen, umfasst aus unserer Sicht eine Operationalisierung vier Schritte: die Definition des Konstrukts (1), die Festlegung der Indikatoren (2) und damit einhergehend die des Messinstruments (3) und die Itemkonstruktion (4).

1. Definition des Konstrukts
Sobald wir uns also eine grobe Forschungsfrage überlegt haben, geht es im ersten Schritt darum, das Konstrukt theoretisch zu definieren. Wir müssen uns also zunächst damit beschäftigen, was unter dem zu untersuchenden Begriff zu verstehen ist. Der Ablauf ist an das Vorgehen von Döring und Bortz (2016) bei einem wenig erforschten Begriff angelehnt – jedoch unabhängig davon, ob der interessierende Begriff gut erforscht ist oder nicht (ähnlich wie bei Aeppli et al. 2016). Da wir es für eine Forschung, die wissenschaftlichen Gütekriterien genügen muss, für unerlässlich halten, sich mit der Thematik ausführlich auseinanderzusetzen und dementsprechend immer eine Dimensionsanalyse vorzunehmen. Damit ist natürlich nicht gemeint, dass die bisherigen Begriffsdefinitionen außer Acht gelassen werden sollen, diese werden im Kontext der Materialsammlung recherchiert. Wir beginnen also zunächst damit, Ideen und Material zu sammeln. Dies stellt die Basis für alles Folgende dar und dient vor allem dem Zugang zum und dem Überblick über den zu untersuchenden Begriff. Wir sollten uns bereits an dieser Stelle Gedanken darüber machen, wen wir befragen wollen, also ob uns z. B. von Kindern, Jugendlichen oder Erwachsenen die Vorstellungen, Einstellungen oder Auffassungen zu unserem Konstrukt interessieren (vgl. Kromrey et al. 2016, S. 255 f.). Zudem planen wir hier, wie wir die Stichprobe ziehen wollen. Die Stichprobenziehung an sich ist nicht mehr Teil der Operationalisierung. Da im Kontext der oben angeführten Definitionen nicht näher auf die Stichprobenplanung eingegangen wurde, fügen wir hier einen kurzen Exkurs ein.

Exkurs: Stichprobenplanung
Zunächst unterscheiden wir zwischen der Stichprobe und der Grundgesamtheit – in der Regel können wir nicht alle Personen, auf die wir unsere Aussagen beziehen wollen, untersuchen (vgl. Steiner und Benesch 2021, S. 16; Bühner und Ziegler 2017, S. 135). Angenommen, wir möchten in einem dreiköpfigen Forscher*innenteam Paarbeziehungen bei 20–30-Jährigen in Deutschland untersuchen, dann ist es kaum möglich, alle in Deutschland lebenden Paare dieser Altersspanne zu befragen. Dementsprechend befragen wir nur einen Teil (Stichprobe) aller dieser Paare (Grundgesamtheit). Durch Signifikanztests können

wir dann später einen Rückschluss von unserer untersuchten Stichprobe auf die Grundgesamtheit ziehen. Wenn wir beispielsweise hohe Zusammenhänge in unserer Untersuchung finden, die signifikant sind, können wir annehmen, dass unsere Ergebnisse auch für die dahinterliegende Grundgesamtheit gelten (vgl. Steiner und Benesch 2021, S. 14). Bei einem Signifikanztest vergleichen wir immer die bei den Berechnungen ausgegebene Irrtumswahrscheinlichkeit mit unserem vorher festgelegten Signifikanzniveau (siehe ausführlich Steiner und Benesch 2021, S. 111 ff.). Beim Schluss von der Stichprobe auf die Grundgesamtheit spielt auch der Aspekt der Repräsentativität eine Rolle: Angenommen in unserer Grundgesamtheit gäbe es 10 % 20-Jährige, 5 % 21-Jährige, 30 % 22-Jährige, 2 % 23-Jährige usw. In unserer Stichprobe haben wir nun 50 % 20-Jährige, 30 % 21-Jährige, keine 22- oder 23-Jährigen usw. befragt. Damit haben wir ein Problem, weil die Verteilung in unserer Stichprobe nicht die Verteilung in der Grundgesamtheit repräsentiert. Theoretisch sollten also in der Stichprobe für die Untersuchung relevante soziodemografische Merkmale wie Alter oder Bildungsabschluss prozentual so repräsentiert sein, wie sie auch in der Grundgesamtheit vorkommen (vgl. Steiner und Benesch 2021, S. 15). Die Betonung liegt hier allerdings auf sollten. In der Forschungspraxis sind wir eben auch darauf angewiesen, dass Personen an unserer Untersuchung teilnehmen, sodass wir hier nicht immer die prozentuale Verteilung gewährleisten können. Zudem müsste man „im Vorfeld bereits exakte Angaben über Verteilungen und Merkmalsausprägungen haben, was in der Realität kaum gegeben ist" (Steiner und Benesch 2021, S. 16). Das ist zwar nicht dramatisch, die gezogene Stichprobe sollte allerdings (kritisch) reflektiert werden. Es gibt nun verschiedene Möglichkeiten, diese Stichprobe zu ziehen, d. h. die konkreten 20–30-jährigen Paare auszuwählen, die wir befragen. Grundsätzlich lassen sich Stichproben auf zwei verschiedene Arten ziehen: zufallsgesteuert und nicht zufallsgesteuert (vgl. Bühner und Ziegler 2017, S. 177). Zu den zufallsgesteuerten Stichprobenarten gehören einfache Zufallsstichproben, geschichtete Stichproben und Klumpenstichproben (vgl. Bühner und Ziegler 2017, S. 178). Erstere setzt voraus, dass die Grundgesamtheit vollständig bekannt ist (vgl. Bühner und Ziegler 2017, S. 178). So können per Zufallsgenerator die Personen ausgewählt werden und jede*r potenzielle Teilnehmer*in hat „dieselbe Wahrscheinlichkeit aus der Grundgesamtheit gezogen zu werden" (Bühner und Ziegler 2017, S. 178). Bei einer geschichteten Stichprobe wählen wir Schichten, welche Merkmalen entsprechen, aus denen dann eine Zufallsstichprobe gezogen wird (vgl. Bühner und Ziegler 2017, S. 178). Ein Merkmal, nach dem wir schichten, kann z. B. berufliche Bildungsabschlüsse sein, sodass wir in unserer Stichprobe im Prinzip die Personen nach Bildungsabschlüssen sortieren, d. h. wir könnten beispielsweise

1.3 Was verstehen wir unter einer Operationalisierung?

die Schichten Lehre, BA-Abschluss und MA-Abschluss einziehen.[10] Bei einer Klumpenstichprobe existiert der Klumpen natürlicherweise, z. B. eine Schule oder ein Verein oder eine Universität, der dann vollständig erhoben wird (vgl. Bühner und Ziegler 2017, S. 178). Nicht zufallsgesteuerte Stichproben sind eine zweite Möglichkeit, unsere Stichprobe zu ziehen. Im Unterschied zu zufallsgesteuerten Methoden, ziehen wir hier immer anhand willkürlicher Kriterien unsere Stichprobe (vgl. Steiner und Benesch 2021, S. 18). Dazu zählen die Quotenstichprobe, die Ad-hoc-Auswahl und die theoriegeleitete Stichprobe (vgl. Bühner und Ziegler 2017, S. 178). Erstere ist ähnlich der geschichteten Stichprobe, aber nicht mit ihr zu verwechseln. Man wählt hier Quoten (entsprechen Merkmalen) aus, und zieht letztlich nur Personen, die genau diese Quoten auch erfüllen. Dabei ist die Auswahl der Quoten „mehr oder weniger theoriegeleitet" (Bühner und Ziegler 2017, S. 178). Angenommen, wir würden nur 21-jährige, biologisch männliche Abiturienten in einer homosexuellen monogamen Beziehung befragen, dann würden wir hier nach biologischem Geschlecht, Schulabschluss, Sexualität, Paarform quotieren und solange unsere Stichprobe ziehen, bis wir diese Personen gefunden haben. Bei einer Ad-hoc-Auswahl befragen wir alle Personen, die uns begegnen an einem bestimmten Ort und zu einer bestimmten Zeit (vgl. Bühner und Ziegler 2017, S. 178). Wir könnten beispielsweise annehmen, dass sich in einer Universität besonders viele 20–30-jährige Personen befinden und uns demnach montags um 12 h vor den Haupteingang stellen und alle Personen, die uns entgegenkommen, befragen (vorausgesetzt sie befinden sich in der Altersspanne). Eine theoretische Auswahl entspricht einem „Spezialfall der Quotenstichprobe" (Bühner und Ziegler 2017, S. 178) und bezieht sich auf Ergebnisse vorheriger Studien, die für die eigene Untersuchung relevant sein können. Beispielsweise könnte eine Studie gezeigt haben, dass vor allem 21–22 Jahre alte Student*innen sich in Paarbeziehungen befinden, demnach würden wir für unsere Studie diese Auswahl treffen, um möglichst reichhaltige Informationen über die Einstellungen und Vorstellungen zu und in Paarbeziehungen zu bekommen. Steiner und Benesch (2021, S. 18 f.) nennen auch die

---

[10] Eine Operationalisierung beruflicher Bildungsabschlüsse – dabei handelt es sich nicht um ein theoretisch komplexes Merkmal, sondern um ein manifestes Merkmal – findet sich beispielsweise bei Rudnicka (2022): https://de.statista.com/statistik/daten/studie/245823/umfrage/bildungsstand-berufliche-bildungsabschluesse-von-deutschen-und-auslaendern/. Die Statistik entstammt den Ergebnissen des Mikrozensus von 2019 vom Statistischen Bundesamt (Destatis) (2020): https://www.destatis.de/DE/Themen/Gesellschaft-Umwelt/Bildung-Forschung-Kultur/Bildungsstand/Publikationen/Downloads-Bildungsstand/bildungsstand-bevoelkerung-5210002197004.pdf?__blob=publicationFile.

Schneeballauswahl als eine nicht zufallsgesteuerte Methode – Teilnehmer*innen gelangen dadurch in die Stichprobe, indem bereits teilgenommene Personen ihnen die Kontaktdaten oder beispielsweise den Link zum Fragebogen weiterleiten. Sowohl für zufallsgesteuerte als auch nicht zufallsgesteuerte Stichprobenziehungen gibt es gute (und schlechte) Argumente. Wir müssen hier vor allem wissen, was für unsere Untersuchung hilfreich und dienlich ist und uns dementsprechend für eine Methode der Ziehung entscheiden. Damit ist unsere Stichprobenplanung abgeschlossen.

Um zunächst einen Zugang zum Thema bzw. Konstrukt zu erhalten, empfiehlt es sich, beispielsweise ein Brainstorming zu machen oder ein freies Assoziieren. Dabei fließen in erster Linie Vorstellungen auf Basis eigener Erfahrungen und bisheriges Wissen ein. Zu den meisten Begriffen hat man bereits vor der Literaturrecherche Assoziationen bzw. vage Vorstellungen davon, welche Eigenschaften möglicherweise zu einem Begriff gehören könnten, wie beispielsweise Nährstoffe beim Thema Essen. Anschließend oder auch parallel wird nach Material zum entsprechenden Thema recherchiert. Dies kann zunächst beispielsweise in Blogs, Artikeln, Interviews oder Videos[11] geschehen, die mehr Informationen zum Konstrukt liefern, damit wir eine etwas genauere Vorstellung von unserem Konstrukt bekommen, sodass wir anschließend mit der Literaturrecherche beginnen können. Dementsprechend suchen wir nun nach theoretischen sowie empirischen Auseinandersetzungen mit und Studien zu unserem Konstrukt, z. B. nach Begriffsdefinitionen anderer Autor*innen oder bereits existierenden Operationalisierungen und konstruierten Forschungsinstrumenten anderer Forscher*innen (siehe auch Burzan 2015, S. 25 f.). Wichtig zu beachten ist bei der Literaturrecherche der Nutzen der Literatur. Das mag zunächst trivial klingen, hat sich aber häufig als Fehlerquelle herausgestellt – nicht jede Quelle stellt sich auch als gewinnbringend für die Definition des Konstrukts heraus. Beispielsweise kann es vorkommen, dass Eigenschaften eines Konstrukts zwar benannt werden, diese jedoch nicht weiter erläutert werden und auch nicht selbsterklärend oder ausreichend bekannt sind. Diese müssten dann erneut recherchiert werden, schließlich wollen wir mithilfe der Eigenschaften das Konstrukt definieren und es uns erschließen.

Ist die Sammlung von Ideen und Material abgeschlossen, geht es darum, die recherchierten Aspekte zu ordnen. Wir systematisieren an dieser Stelle das gesamte Material. Es werden also alle möglichen Aspekte bzw. Eigenschaften, die wir zu einem Konstrukt gefunden haben, zusammengetragen.

---

[11] Zu verschiedenen Themen finden sich beispielsweise auf https://lehrbuch-psychologie.springer.com/videos oder auf https://studyflix.de anschauliche Videos.

1.3 Was verstehen wir unter einer Operationalisierung?

Anschließend werden aus dieser Sammlung diejenigen Eigenschaften ausgewählt, die man als relevant für die Untersuchung erachtet und von denen man annimmt, dass sie das Konstrukt näher beschreiben. Diese stellen dann die Dimensionen dar. Dieser Auswahlprozess ist interpretativ – schließlich gibt es hierbei kein objektives richtig oder falsch. Dennoch können bestimmte Kriterien für die Auswahl hilfreich sein, z. B. die Eigenschaften auszuwählen, die besonders häufig genannt wurden und die Häufigkeit der Nennung als Indikator für die Relevanz der Eigenschaft heranzuziehen. Genauso können aber auch Eigenschaften einfließen, die zwar seltener genannt, dafür aber aus einer bestimmten theoretischen Perspektive besonders relevant erscheinen. Das interpretative Moment (siehe Kap. 3) bedeutet auch, dass die Konzeptspezifikation nicht unbedingt auf Anhieb gelingt, sondern meist modifiziert werden muss. Zudem kann ein*e andere*r Forscher*in oder Forscher*innengruppe zu einer anderen Konzeptspezifikation des gleichen Konstrukts kommen.[12] Hier haben sich häufig Schwierigkeiten dahingehend gezeigt, dass leicht Eigenschaften gewählt werden können, die eigentlich eher in Zusammenhang (auf theoretischer Ebene) mit dem Konstrukt stehen (z. B. ursächlich für das Konstrukt sind oder für die das Konstrukt ursächlich ist), nicht aber einen Aspekt des Konstrukts darstellen. Hilfreiche Fragen, um dem Aspekt als Eigenschaft näher zu kommen, können sein: Folgt XY aus dem Konstrukt? Ist XY ein Einflussfaktor auf das Konstrukt? Nach der Auswahl der relevanten Aspekte, müssen diese sorgfältig anhand der Literaturrecherche definiert werden, denn darauf basiert die Konstruktion der Items. Wir werden dies später in Kap. 6 genauer sehen. Wollen wir beispielsweise Nähe als Dimension von Freundschaft definieren, finden wir in der Literatur verschiedene Punkte dazu, was mit Nähe gemeint ist. Diese sollten alle zur Definition der Dimension herangezogen werden. Je sorgfältiger, genauer und ausführlicher (aber nur so ausführlich wie notwendig) dies ist, desto leichter fällt es uns, Items zu entwickeln, die die Dimension indizieren, also auf die Dimension als Eigenschaft des Konstrukts hinweisen. Das heißt, sie müssen immer in Abhängigkeit des und mit Bezug zum Konstrukt definiert werden. Möchte man z. B. als Konstrukt Paarbeziehungen erforschen und wählt den Aspekt Sexualität als Eigenschaft von Paarbeziehungen aus, dann ist es wenig sinnvoll, Sexualität umfassend mit allen Facetten zu definieren. Relevant ist

---

[12] Wir haben dies auch bereits bei Aeppli et al. (2016) angeführt. Auch Micheel (2010, S. 38) geht auf das interpretative Moment ein: „Es gibt kein objektives Kriterium dafür, ob eine Spezifikation besser oder schlechter ist".

nur, was Sexualität in einer Paarbeziehung bedeutet bzw. bedeuten kann (interpretativer Prozess).

Wurden alle Dimensionen definiert, schließt sich der vierte Schritt an, in dem für jede Dimension eine Nominaldefinition formuliert wird, die die Aspekte der Dimension zusammenfasst. Eine Art Arbeitsdefinition, aus der sich eindeutig ergibt, was in der jeweiligen Konzeptspezifikation unter der Dimension (Eigenschaft des Konstrukts) verstanden wird. Das von Kornmeier (2021) entwickelte Prinzip eines Guglhupfs[13] zum Schreiben wissenschaftlicher Arbeiten lässt sich in gewisser Weise auch auf die Definition von Konstrukten übertragen: So wie Sie anhand Ihrer Fragestellung beim Schreiben einer Hausarbeit oder Abschlussarbeit entscheiden müssen, welche inhaltlichen Aspekte Sie benötigen, um Ihre Fragestellung zu beantworten, so müssen Sie auch bei der Definition eines Konstrukts (analog dem Beantworten einer Fragestellung) auswählen, welche „Zutaten" als Eigenschaften des Konstrukts dieses am besten definieren.

Bereits an unserer Beschreibung lässt sich ablesen, dass die Definition des Konstrukts der aufwendigste Teil der Operationalisierung und auch der relevanteste ist. Ohne eine sorgfältige Definition werden die weiteren Schritte kaum gelingen können.

2. und 3. Festlegung der Indikatoren und damit einhergehend die des Messinstruments

Kommen wir nun zum zweiten und dritten Schritt der Operationalisierung: der Festlegung der Indikatoren und des Messinstruments. Wir überlegen uns, womit sich unser theoretisch definiertes Konstrukt am besten messen lässt, d. h. von welcher Art von Daten wir annehmen, dass sie am geeignetsten sind, um Rückschlüsse auf unser Konstrukt zu erlauben. Damit geht auch die Kommunikationsform einher. Beispielsweise könnten dies schriftliche Antworten in einem Fragebogen sein oder das Verhalten in einem Experiment. Damit wäre dann automatisch auch unser Erhebungsinstrument bestimmt – wenn schriftliche Antworten für uns am besten auf das Konstrukt hinweisen, wäre es wenig sinnvoll, sich für ein Experiment als Erhebungsmethode zu entscheiden. Hat man in der Literaturrecherche bereits (etablierte) Instrumente und Vorschläge zur Operationalisierung gefunden, kann man diese auch zur Orientierung bei der Wahl der Indikatoren und des Instruments heranziehen. Wie bei Döring und Bortz (2016, S. 228)

---

[13] Kornmeier (2021) geht davon aus, dass das Prinzip des Schreibens einer Hausarbeit oder Abschlussarbeit dem des Backens eines Gugelhupfs gleichkommt – siehe für einen anschaulichen Überblick insbesondere S. 31 f.

1.3 Was verstehen wir unter einer Operationalisierung?

oben angeführt, sollten hier außer theoretischen Argumenten auch „forschungspraktische Erwägungen" in Form von „vorhandenen zeitlichen, finanziellen und personellen Mitteln" – wir würden hier noch die persönlichen Ressourcen ergänzen – beachtet werden. Es macht wenig Sinn, eine groß angelegte Studie mit Face-to-Face-Interviews zu planen, wenn man nicht im Team arbeitet und damit nur wenige personelle Ressourcen zur Verfügung stehen. Genauso wenig Sinn ergibt eine Face-to-Face durchgeführte Studie, für die man beispielsweise innerhalb Deutschlands viel reisen müsste, wenn keine finanziellen und nur begrenzte zeitliche Ressourcen zur Verfügung stehen. Zudem muss die Zielgruppe beachtet werden. Möchte man Personen im höheren Alter (ab beispielsweise 70 Jahren) befragen, wird sich ein Online-Fragebogen nicht als zielführend erweisen. Genauso wenig lässt sich eine Studie mit Kindern aus verschiedenen Städten planen, wenn diese zum Interview anreisen müssen. Wir sollten uns also realistisch vor Augen führen, was mit den aktuellen Ressourcen und in Bezug auf die und für die Personen der Stichprobe machbar ist.

▶ **Indikator** Indikatoren sind direkt beobachtbare Merkmale oder Phänomene, die auf unser Konstrukt bzw. die Dimension als Eigenschaft unseres Konstrukts hinweisen, d. h. sie erlauben es uns, einen Rückschluss auf unser Konstrukt oder die Dimension zu ziehen. Sie sind das Ergebnis unserer theoretischen Definition und des Übersetzungsprozesses. Indikatoren können also beispielsweise Items in einem Fragebogen oder das Verhalten in einem Experiment sein. Beispielsweise kann eine Frage zur Relevanz persönlicher regelmäßiger Treffen auf die räumliche Nähe (als Dimension) in Freundschaften hinweisen.

4. Itemkonstruktion
Damit kommen wir bereits zum vierten Schritt. Bevor wir die Items (Fragen bzw. Sätze in einem Fragebogen) bilden können, müssen wir einerseits noch Entscheidungen hinsichtlich des Frage- und Antwortformats treffen und zudem uns mit den Regeln auseinandersetzen, die es zu beachten gilt – wir haben diese bereits bei Burzan oben angeführt – dabei ging es um die Verständlichkeit, die Eindeutigkeit und die Kürze. Das heißt, Items sollten „kurz und prägnant" (Steiner und Benesch 2021, S. 52)[14] formuliert sein, so kurz wie möglich und

---

[14] Bei Steiner und Benesch (2021, S. 51 f.) finden sich einige „Richtlinien zur Formulierung der Items". Für eine ausführliche Auseinandersetzung mit Regeln zur Formulierung von Antwortskalen siehe auch Franzen 2019 – Franzen formuliert (mindestens) 6 zu beachtende Fragen (S. 844).

solange wie nötig, damit das Item dennoch verständlich bleibt. „Suggestive, stereotype oder stigmatisierende Formulierungen von Items sind zu vermeiden" sowie „Formulierungen wie ‚immer', ‚alle', ‚keiner', ‚niemals'" (Steiner und Benesch 2021, S. 52). Zudem sollten Items immer nur einen und nicht mehrere Aspekte abfragen (vgl. Steiner und Benesch 2021, S. 52), wie z. B. „Ich jogge gerne lange und langsam" oder „Ich esse gerne süß und salzig". Ebenso wie die Stichprobe in den vorigen Schritten einbezogen werden muss, müssen wir auch hier der Stichprobe entsprechende Formulierungen wählen – sollen Kinder den Fragebogen ausfüllen, sollte die Sprache leichter sein und das Antwortformat kann anstelle von Zahlen grafische Elemente wie Smileys enthalten (vgl. Steiner und Benesch 2021, S. 51).

In Hinblick auf das Frageformat muss entschieden werden, ob es sich um offene oder geschlossene Fragen oder eine Mischform handelt (vgl. Steiner und Benesch 2021, S. 48 ff.). Damit geht unmittelbar das Antwortformat einher, auch hier wählen wir zwischen offenen und gebundenen Formaten. Letztere erstrecken sich über dichotome Antworten, Ratingskalen und Analogskalen (vgl. Steiner und Benesch 2021, S. 54 ff.). Wie diese Zuordnung der Antworten zu Zahlen erfolgen kann, d. h. auf welchem Skalenniveau wir erheben, schauen wir uns in Kap. 4 ausführlich an und zeigen eine solche Zuordnung exemplarisch in Kap. 6 auf. In der Regel wählt man bei schriftlichen standardisierten Befragungen gebundene Formate (vgl. Steiner und Benesch 2021, S. 51), d. h. ein gebundenes Frageformat (oder ggfs. eine Mischform) sowie gebundene Antworten in Form von Ratingskalen. Bei diesen muss entschieden werden, ob diese unipolar oder bipolar sind – also ob die Antwortmöglichkeiten sowohl im positiven als auch im negativen Bereich oder nur im positiven anzusiedeln sind –, um wie viele Antwortmöglichkeiten es sich handeln soll, ob die Skala eine gerade oder ungerade Anzahl an Antwortmöglichkeiten beinhaltet – und damit auch, ob sie eine Mitte hat – und ob die Antworten numerisch oder verbal beschriftet sind (vgl. Steiner und Benesch 2021, S. 55 ff.). Hinzu kommen bestimmte Antworttendenzen, über die wir uns bei der Itemkonstruktion zumindest Gedanken machen und uns dazu verhalten sollten. In der Literatur finden sich dazu unterschiedliche Positionen und Argumente. Hier geht es beispielsweise um soziale Erwünschtheit sowie um die Tendenz zur Mitte, zu Extremwerten oder die Vermeidung dieser (vgl. Steiner und Benesch 2021, S. 61 f.). Unterschiedlich wird auch die Rolle der Bereitschaft, Items zuzustimmen, diskutiert. Um diese zu umgehen, empfehlen Kuckartz et al. (2013, S. 245) 25–33 % der Items „gegenläufig zur Skala", d. h. invertiert zu formulieren.

Unter Beachtung dieser Regeln und der zu treffenden Entscheidungen geht es also darum, konkrete Items basierend auf unseren vorgenommenen Definitionen

1.3 Was verstehen wir unter einer Operationalisierung?

der Dimensionen zu formulieren. Wir schauen uns daher unsere Definitionen nochmal an und bilden aus den einzelnen Punkten Sätze, von denen wir annehmen, dass sie auf die jeweilige Dimension hindeuten. Schließlich stellen sie Indikatoren für unsere Dimension dar.

Fazit

Wir haben uns verschiedene Definitionen zur Operationalisierung angeschaut und dabei festgestellt, dass die Auffassung dessen, was darunterfällt, sowohl eng als auch weit gefasst sein kann und sich lediglich auf die Messanweisung oder auch auf den Prozess ab der Definition des Konstrukts beziehen kann. Zudem haben wir gesehen, dass auch innerhalb der Schritte unterschiedliche Schwerpunkte gesetzt werden und mal formale zu beachtende Hinweise angeführt werden, mal messtheoretische Grundlagen. Auf Basis der angeführten Definitionen sowie unseren Erprobungen in unseren Seminaren haben wir eine Definition von Operationalisierung festgelegt, mit der wir im Folgenden weiterarbeiten. Aus unserer Sicht besteht eine Operationalisierung im ersten Schritt aus der Definition eines Konstrukts und seiner Dimensionen, darauf folgt die Wahl der Indikatoren und des Erhebungsinstruments im zweiten und dritten Schritt. Anschließend (4. Schritt) entwickeln wir auf Basis unserer Definitionen Items unter Beachtung formaler Regeln für das Frage- und das Antwortformat.

Fragen zur Reflexion
- Was sind die Unterschiede in den dargestellten Definitionen?
- Worin ähneln sie sich?
- Recherchieren Sie nach weiteren Definitionen.
- Vergleichen Sie unser Vorgehen mit einer Definition Ihrer Wahl im Hinblick auf Ähnlichkeiten und Unterschiede.

Literatur

Verwendete Literatur

Aeppli, J., Gasser, L., Gutzwiller, E., & Tettenborn, A. (2016). *Empirisches wissenschaftliches Arbeiten. Ein Studienbuch für die Bildungswissenschaften*. 4., durchges. Aufl. Bad Heilbrunn: Klinkhardt.

Böhm-Kasper, O., Schuchart, C., & Weishaupt, H. (2009). *Quantitative Methoden in der Erziehungswissenschaft*. Darmstadt: WBG.

Bortz, J., & Schuster, C. (2010). *Statistik für Human- Sozialwissenschaftler*. 7., vollst. überarb. u. erw. Aufl. Berlin & Heidelberg: Springer.

Burzan, N. (2015). *Quantitative Methoden kompakt*. Konstanz & München: UVK.
Bühner, M., & Ziegler, M. (2017). *Statistik für Psychologen und Sozialwissenschaftler*. 2., aktual. u. erw. Aufl. Hallbergmoos: Pearson.
Döring, N., & Bortz, J. (2016). *Forschungsmethoden und Evaluation in den Sozial- und Humanwissenschaften*. 5., vollst. überarb., aktual. u. erw. Aufl. Berlin & Heidelberg: Springer.
Franzen, Axel (2019). Antwortskalen in standardisierten Befragungen. In N. Baur & J. Blasius (Hrsg.), *Handbuch Methoden der empirischen Sozialforschung* (S. 843–854). 2., vollst. überarb. u. erw. Aufl. Wiesbaden: VS.
Häder, M. (2019). *Empirische Sozialforschung. Eine Einführung*. 4. Aufl.. Wiesbaden: VS.
Kornmeier, M. (2021). *Wissenschaftlich schreiben leicht gemacht für Bachelor, Master und Dissertation*. 9., aktual. u. erg. Aufl. Bern: Haupt.
Kuckartz, U., Rädiker, S., Ebert, T., & Schehl, J. (2013). *Statistik. Eine verständliche Einführung*. 2., überarb. Aufl. Wiesbaden: VS.
Micheel, H.-G. (2010). *Quantitative empirische Sozialforschung*. München: Reinhardt.
Pospeschill, M. (2013). *Empirische Methoden in der Psychologie*. München: Ernst Reinhardt.
Rost, D. H. (2013). *Interpretation und Bewertung pädagogisch-psychologischer Studien. Eine Einführung*. 3. vollst. überarb. u. erw. Aufl.. Bad Heilbrunn: Julius Klinkhardt.
Sedlmeier, P., & Renkewitz, F. (2018). *Forschungsmethoden und Statistik für Psychologen und Sozialwissenschaftler*. 3., aktual. u. erw. Aufl. Hallbergmoos: Pearson.
Steiner, E., & Benesch, M. (2021). *Der Fragebogen. Von der Forschungsidee zur SPSS-Auswertung*. 6., aktual. u. überarb. Aufl. Wien: facultas.
Tausendpfund, M. (2018). *Quantitative Methoden in der Politikwissenschaft. Eine Einführung*. Wiesbaden: VS.

Online Quellen

Rudnicka, J. (2022). *Bildungsstand: Verteilung der deutschen und ausländischen Bevölkerung in Deutschland nach beruflichem Bildungsabschluss?* URL: https://de.statista.com/statistik/daten/studie/245823/umfrage/bildungsstand-berufliche-bildungsabschluesse-von-deutschen-und-auslaendern/ (28.05.2022).
Statistisches Bundesamt (Destatis) (2020). *Bildungsstand der Bevölkerung. Ergebnisse des Mikrozensus 2019*. URL: https://www.destatis.de/DE/Themen/Gesellschaft-Umwelt/Bildung-Forschung-Kultur/Bildungsstand/Publikationen/Downloads-Bildungsstand/bildungsstand-bevoelkerung-5210002197004.pdf?__blob=publicationFile (28.05.2022).

Weiterführende Literatur

Kromrey, H., Roose, J., & Strübing, J. (2016). *Empirische Sozialforschung. Modelle und Methoden der standardisierten Datenerhebung und Datenauswertung mit Annotationen aus qualitativ-interpretativer Perspektive*. 13., völlig überarb. Aufl. Konstanz & München: UVK.

Die Bedeutsamkeit von Operationalisierungen für die Validität eines Messinstrumentes

2

> **Zusammenfassung**
>
> In diesem Kapitel werden die Gütekriterien quantitativer Sozialforschung (Objektivität, Reliabilität und Validität) dargestellt und im Hinblick auf ihre Bedeutsamkeit für die Operationalisierung eines psychometrischen Konstrukts diskutiert. Der Fokus liegt dabei auf der Validität, da die Genauigkeit des Messinstruments maßgeblich davon abhängt, dass das zu messende Konstrukt präzise bestimmt wurde. Ziel des Kapitels ist also auch zu begründen, warum Operationalisierungen im hohen Maß Aufmerksamkeit geschenkt werden muss, wenn die wissenschaftliche Güte eines Messinstruments beurteilt wird.

2.1 Objektivität

Im wissenschaftlichen Diskurs um die Güte von Messinstrumenten ist die Objektivität das wohl am kontroversesten diskutierte Gütekriterium, da nach wie vor Uneinigkeit darüber herrscht, ob Objektivität überhaupt in von Menschen durchgeführter Forschung existieren kann oder nicht, sofern man unter Objektivität die Unabhängigkeit der Messergebnisse von Testleiter*innen versteht. Insbesondere im Diskurs von quantitativen und qualitativen Methoden spiegelt sich ein Diskurs, der auf wissenschaftstheoretischer Ebene seinen Höhepunkt im Positivismusstreit der deutschen Soziologie fand (Adorno et al. 1969). Vertretern der Kritischen Theorie geht es um das Aufzeigen der Herrschaftsverhältnisse in Gesellschaft und Wissenschaft und das Hinterfragen ihrer Widersprüche und impliziten Voraussetzungen. Horkheimer kritisierte die „kritiklose Übernahme der in den Naturwissenschaften geltenden Konzepte – vor allem die damit verbundene Übernahme der Ideologie der Wertfreiheit und alleinigen Sachbezogenheit von Theorien" (Schülein und Reitze 2012, S. 133), wobei Wertfreiheit und alleine Sachbezogenheit von Theorien Objektivität konstituieren. Die Vorstellung, dass Wissenschaft objektive Erkenntnisse liefern könne, mutet bei der Lektüre von Habermas geradezu naiv an. Wissenschaft ist nur ein Teil der Gesellschaft und als solcher kann sie nur das produzieren, was ihr von der Gesellschaft möglich gemacht wird, wie Habermas am Beispiel der Technologieforschung zeigt (vgl. Habermas 1968, S. 484).

Wissensbaustein: Positivismusstreit
Als Hauptakteure im Positivismusstreit der deutschen Soziologie der 1960er-Jahre galten Karl Popper und Hans Albert als Vertreter des Kritischen Rationalismus sowie Theodor W. Adorno und Jürgen Habermas als Vertreter der Kritischen Theorie der Frankfurter Schule. Dem Kritischen Rationalismus wurde vorgeworfen, dass sie unter dem Deckmantel der Objektivität nicht die Herrschafts- und Machtinteressen der steuernden und einflussnehmenden Instanzen (z. B. Industrie) in der Wissenschaft thematisierten. Der Kritische Rationalismus hingegen behauptete, „forschendes Handeln als gesellschaftliche Praxis zu erfassen" (Clausen 2005, S. 231), bekräftigte allerdings auch, dass empirisch-analytische Forschungen nur der kumulativen Wissensanreicherung dienen, weil sie das Vorbild der naturwissenschaftlichen Theoriebildung haben müsse. Unabhängig von ihrem Gegenstand, ob Mensch, Kultur oder Gesellschaft, wird dieselbe Forschungslogik angewendet, welche die Falsifizierung von empirischen Hypothesen zum Ziel hat. Die Kritische Theorie wiederum kritisierte, dass der Kritische Rationalismus hinter seiner vermeintlich objektiven Wahrheitsannäherung (vgl. Döring und Bortz 2016, S. 38) sich nicht mit den erkenntnisleitenden Interessen hinter Forschungsaufträgen befasse. Vielmehr sei die rein empirisch orientierte Wissenschaftsdisziplin überhaupt nicht in der Lage, die Frage zu behandeln, ob ein angestrebter Zustand besser sei als der gegenwärtige. Bei der Behandlung dieser Frage werden die Ziele bereits im „vorwissenschaftlichen Raum der Gesellschaft formuliert und oft unreflektiert bzw. ohne eine vernünftige Kontrolle von den Wissenschaften akzeptiert und umgesetzt" (vgl. Clausen 2005, S. 232). Da die Kritische Theorie jedoch keine eigene Methodologie entwickelte, wurde der Positivismusstreit nie gelöst. Dies sollte in wissenschaftstheoretischen Auseinandersetzungen immer mitgedacht werden.

2.1 Objektivität

Trotz dieser anspruchsvoll diskutierten wissenschaftstheoretischen Probleme hat sich in der Forschung der Empirismus derart durchgesetzt, dass die Objektivität den Stellenwert eines Gütekriteriums einnimmt, d. h. die Güte der Forschung am Grad ihrer Objektivität bemessen wird. Die Objektivität ist auch der Grund, weshalb gerne behauptet wird, dass qualitative und quantitative Methoden nicht miteinander vereinbar seien, da qualitativen Methoden ein interpretatives Vorgehen zugeschrieben wird, das dem objektiven Vorgehen quantitativer Methoden entgegenstehe. Nicht zufällig nannte Oevermann seine qualitative Auswertungsmethode eine objektive Hermeneutik, da er dadurch anschlussfähig an die sich mittlerweile im Bewusstsein vieler Wissenschaftler*innen verfestigten quantitativen Gütekriterien wurde. Häufig genug kritisierte nämlich die geisteswissenschaftliche Pädagogik an naturwissenschaftlich orientierten Forschungsparadigmen innerhalb der Pädagogik, dass diese das Wesen des Menschen verkennen würden. Auch Nohl argumentierte auf diese Weise, wenn er den Vergleich zwischen technisch forschenden Physiker*innen und den auf das Individuum fokussierten Pädagog*innen zog: „Die Seele ist kein gleichgültiger Mechanismus, den ich nur kennen muß, um auf ihm spielen zu können; wo ich sie so sehe, habe ich nur eine Abstraktion im Auge, nicht den lebendigen Menschen in seiner ganzen Inhaltlichkeit, die immer schon eine Richtung auf Ziele hat." (Nohl 1988, S. 146) Gleichwohl setzte sich Roth dafür ein, dass die Pädagogik sich ihres Forschungsgegenstandes mit wissenschaftlichen, d. h. empirischen Methoden nähert, sonst „bleibt die Pädagogik im ungewissen Licht subjektiver Erfahrungen, im modischen Wechsel der Meinungen, unter dem Druck von Mächtigen, die nicht das Regulativ der Wissenschaft vor Augen haben, der es um Wahrheit und Objektivität geht" (Roth 1963, S. 490). Damit leitete Roth die sogenannte realistische Wende innerhalb der Pädagogik ein, im Zuge dessen auch die Forderung nach der Umbenennung der Pädagogik zur Erziehungswissenschaft laut wurde (vgl. Brezinka 1978, S. 9; vgl. Lochner 1963, S. 384 f.). Diese Namensänderung sollte einhergehen mit einer Angleichung der Gütekriterien pädagogischer Forschung an die Wissenschaftstheorie des Kritischen Rationalismus, in dem der Objektivität ein bedeutender Stellenwert zukommt und der Fokus der Erkenntnisgewinnung weg von der Praxis der Pädagogik hin zur Theoriebildung einer wissenschaftlichen Disziplin gerichtet wird. Um diese wissenschaftstheoretische Diskussion ist es insgesamt ruhig geworden und unterschiedliche Forschungsparadigmen werden häufig nicht mehr als sich widerstreitend, sondern sich ergänzend wahrgenommen. Döring und Bortz (2016, S. 34) betonen beispielsweise in ihrem Standardwerk Gemeinsamkeiten qualitativer und quantitativer Methoden. Brühl bringt die Differenz zwischen Forschungsparadigmen auf den Punkt: „Methoden, die mittels ihrer Auswertungsverfahren überwiegend interpretierend vorgehen, werden als qualitativ bezeichnet, dementsprechend wird im Falle von Methoden, die überwiegend Messwerte statistisch analysieren, von quantitativen Methoden gesprochen." (Brühl 2015, S. 96) Dies findet im sozialwissenschaftlichen Diskurs seinen Niederschlag in der kontroversen Gegenüberstellung des „Erklärens" und des „Verstehens" als Leitfragen der empirischen und geisteswissenschaftlichen Forschungsausrichtungen und gab Anlass zu einer ausführlichen und prominenten Fachdiskussion darüber, wie in der Erziehungswissenschaft Erkenntnisse erzeugt werden können. Dieser Diskurs endete versöhnlich mit der Anerkennung, dass Erklären und Verstehen keineswegs unabhängig voneinander begriffen werden und auch nicht eindeutig dem qualitativen oder quantitativen Paradigma zugeordnet werden können. „Das Erklären ist ein Mittel im Dienste des Verstehens. Man erklärt jemandem etwas, damit er es versteht. Das Verstehen ist darum eigentlich auch gar keine Tätigkeit wie das Erklären, sondern das Ergebnis einer Tätigkeit, die durch sie erreichte Evidenz, und insofern ist es auch keineswegs der intersubjektiven Nachprüfung entzogen. So scheint es mir, müßte sich in bezug [sic!] auf den Verstehensbegriff eine Verständigung erreichen lassen." (Bollnow 1971, S. 693)

Diese Anerkennung bildete sich fortan auch in den Gegenstandbestimmungen der Pädagogik ab sowie darin, wie der pädagogische Gegenstand erforscht werden könne. Es wird postuliert, „daß der Gegenstand ‚Mensch' in sozialen Beziehungen und in gesellschaftlichen Verschränkungen zu sehen ist und daher sowohl durch verstehende als auch durch erklärende Methoden erforscht werden muß" (Kron 1999, S. 111). Qualitative und quantitative Methoden arbeiten also nicht entgegengesetzt, sondern komplementär. Diese Verständigung über das Verhältnis von Erklären und Verstehen bei der Erkenntnisgenerierung hat zur Folge, dass nicht mehr der Prozess, sondern der Gegenstand der Erkenntnisgenerierung im Vordergrund steht. Noch konkreter geht es darum zu bestimmen, welche Erkenntnisse als wahr gelten, weil sie methodisch korrekt gewonnen wurden. Bei dem Diskurs über das Verhältnis von Erklären und Verstehen ging es immer auch darum zu rechtfertigen, warum bestimmte Ausschnitte der Wirklichkeit zu untersuchen seien. Da nun sowohl interpretativ als auch empirisch zugängliche Wirklichkeitsausschnitte anerkannt werden, gilt es zu bestimmen, wie sich dies auf unsere Wahrheitskonzepte auswirken, wann also Erkenntnisse als wahr gelten und wie in diesem Zusammenhang objektive Erkenntnisse generiert werden können.

Wellenreuther unterscheidet zwischen zwei Wahrheitsbegriffen. „Der hermeneutische Wahrheitsbegriff, der sich darauf bezieht, ob die Aussagen einer Person zutreffend dargestellt und angemessen interpretiert werden, und [...] der empirische Wahrheitsbegriff, der sich darauf bezieht, ob sich Behauptungen

2.1 Objektivität

über die Realität an der pädagogischen Wirklichkeit (Praxis) bestätigen oder widerlegen lassen, wenn man strenge empirische Prüfungen durchführt." (Wellenreuther 2000, S. 25) Für Wellenreuther ergänzt der Kritische Rationalismus und die aus ihm hervorgegangenen Forschungsmethoden die geisteswissenschaftliche Position. Folgt man Wellenreuthers Argumentation, bemisst sich der Wahrheitsgehalt von interpretativ generierten Erkenntnissen an der Angemessenheit der Interpretation. Die Angemessenheit kann sich mindestens in zwei verschiedenen Weisen ausdrücken: 1) In einer Angemessenheit gegenüber dem Untersuchungsgegenstand, dass dieser ganzheitlich untersucht wurde, z. B. durch zirkuläre Forschungsdesigns (vgl. Flick 2012, S. 126) und 2) in einer Angemessenheit gegenüber dem Erkenntnisinteresse, d. h., dass vor allem rekonstruktiv Sinnstrukturen analysiert wurden, um Erkenntnisse zu generieren (vgl. Krüger 2009, S. 206). Der Wahrheitsgehalt von empirisch generierten Erkenntnissen bemisst sich daran, ob diese objektiv zustande gebracht wurden, d. h. die Analysemethoden Erkenntnisse hervorbringen, die unabhängig von den Analysierenden und ihrer Mess- und Analyseinstrumenten sind. Die objektive Analyse (im Sinne einer Auswertungs- und Interpretationsobjektivität) setzt selbstverständlich die objektive, reliable und valide Generierung der zu analysierenden Daten voraus.

Bezüglich der Objektivität einer Messung wird in aller Regel zwischen der Durchführungs-, Auswertungs- und Interpretationsobjektivität unterschieden. Für dieses Buch entscheidend ist jedoch die Frage, inwiefern Operationalisierungen nicht auch an einem Grad der Objektivität bemessen werden können oder sogar müssen, wenn man annimmt, dass eine nicht objektive Operationalisierung logischerweise keine Objektivität in Durchführung, Auswertung oder Interpretation mit sich ziehen kann. Andererseits finden sich eher selten detaillierte Prozessbeschreibungen von Operationalisierungen in Methodenbüchern. Auch die unter anderem bei Döring und Bortz (2016, S. 224 ff.) vorgeschlagenen Bedeutungsanalysen bzw. dimensionalen Analysen (s. Kap. 1) bedeutet nicht zwingend, dass diese objektiv vorgenommen werden. Immerhin sind semantische Analysen auf Begriffsbedeutungen bezogen, indem die „Beziehungen zwischen den sprachlichen Zeichen und ihren Bedeutungen" (Kromrey 2009, S. 141) untersucht werden und die Zuschreibung von Bedeutungen an Begriffe ist ein subjektiver Prozess. Anschaulich dargestellt wird dies bei Kromreys semantischer Analyse des Begriffs Entfremdung (vgl. Kromrey 2009, S. 127 ff.). Auch Dimensionalisierungen sind insofern subjektiv, als die Dimensionen und Unterdimensionen eines Konzepts auf begrifflichen Eingrenzungen und Selektionen beruhen: Dies gehöre zu dem zu untersuchenden Konzept dazu, jenes nicht. Hier darf genau genommen nicht von Objektivität, sondern, unter der Maßgabe von gewissenhaften Begründungen, nur von Intersubjektivität gesprochen werden, da sich die Dimensionalisierung nicht aus dem Gegenstand selbst, sondern aus dem Konzept des Gegenstandes ableiten lässt und damit eine Bedeutungszuweisung vollzogen wird. In der qualitativen Sozialforschung wurde schon recht früh aufmerksam reflektiert, inwiefern Beobachter- und Intervieweffekte einen Einfluss auf die Interpretation von erhobenen Daten haben, weil gegenüber der Natürlichkeit aufgezeichneter Daten eine Skepsis entwickelt wurde und durch die Bewusstwerdung der Einflüsse durch das Vorwissen und die Vorurteile von Forscher*innen eine höhere Intersubjektivität, d. h. Nachvollziehbarkeit der Interpretationen ermöglicht wurde (vgl. Flick 2012, S. 374). Es wäre töricht anzunehmen, dass Forscher*innen bei der Konzeptualisierung ihrer Forschungsgegenstände nicht ähnlichen Effekten unterworfen sind. Insofern kann konstatiert werden, dass die Objektivität eines Messinstrumentes abhängig ist von den Operationalisierungen der Konzepte, die gemessen werden sollen, weil die Konzeptualisierung selbst ein komplexer subjektiver Prozess ist, der im Falle von gewissenhaft hergestellter Intersubjektivität auch die Objektivität des gesamten Messinstrumentes begünstigt.

2.2 Reliabilität

Unter der Reliabilität eines Messinstrumentes wird im Allgemeinen dessen Zuverlässigkeit verstanden, insofern das Messinstrument auch bei wiederholten Messungen und bei gleichbleibenden Messbedingungen zu demselben Messergebnis kommt. Es ist zuverlässig, wenn sich der*die Forscher*in darauf verlassen kann, dass das Messinstrument bei jeder Messung fehlerfrei arbeitet oder in anderen Worten, das Messinstrument immer nur die wahren Werte misst. Ein Zollstock ist z. B. hoch reliabel, da die Striche auf dem Zollstock unveränderlich sind. Wenn von einer Person die Körpergröße anhand eines Zollstocks gemessen wird, erhält man so lange immer dieselben (reliablen) Ergebnisse, wie sich die Person nicht bewegt oder sich nach einer Bewegung wieder in dieselbe Ausgangsposition begibt. Damit dies gelingt, stellt man Menschen bei dieser Messtechnik an eine Wand, da die Wand die gemessene Person dabei unterstützt, eine replizierbare Haltung einzunehmen. Ähnliches gilt für eine Waage, die dann reliabel ist, wenn das Messergebnis auch nach wiederholter Messung dasselbe ist. Bezweifelt man die Korrektheit der Messung der Waage und steigt deswegen so lange auf ihr auf und ab, bis man etwas an Gewicht verliert, wird eine reliable Waage den Gewichtsverlust registrieren und einen neuen Messwert anzeigen. Für metrische Messgrößen ist es verhältnismäßig einfach, reliable Messinstrumente

2.2 Reliabilität

zu konstruieren, da sie intervallskaliert sind, d. h. der Abstand zwischen allen Werten immer gleich groß ist. Psychometrische Messungen, die einer Operationalisierung bedürfen, weisen hingegen keine solche Metrik auf. Das ist ein großes Problem für die quantitative Sozialforschung, die psychometrische Konstrukte standardisiert und reliabel messen möchte und wird in Kap. 4 dieses Buchs adressiert.

Persönlichkeitsmessungen

Das Problem der reliablen Messung von psychometrischen Konstrukten lässt sich gut am Beispiel der Persönlichkeitsforschung verdeutlichen. In der Persönlichkeitspsychologie folgt man meist dem Eigenschaftsparadigma, mithilfe dessen über dimensionale Analysen eine konzeptuelle Verdichtung vorgenommen wurde, die im Fünf-Faktoren-Modell der Persönlichkeit mündete (vgl. Laux 2008, S. 174), wobei es unterschiedliche Versionen dieses Modells gibt (vgl. Maltby et al. 2011, S. 319). Die tatsächliche Messung geschieht durch Fremd- oder Selbsteinschätzungen, indem eine Reihe von Items mit Aussagen präsentiert werden, zu denen die Messpersonen meistens den Grad ihrer Zustimmung angeben sollen. Die Fremdeinschätzung wird seltener genutzt, da sowohl Idealisierungen des anderen als auch Projektionen eigener Eigenschaften auf andere das Fremdurteil verzerren können (vgl. Murray et al. 1996, S. 85 f.). Die Selbstbeschreibung von Menschen kann allerdings, wie jede introspektive Beobachtung, durch den Effekt der Selbstaufwertung (vgl. Smith 2014, S. 582 f.) oder der sozialen Erwünschtheit (vgl. Fischer und Wiswede 2009, S. 262) verzerrt werden. Da für die Beurteilung einer reliablen Messung die Objektivität des Messvorgangs eine notwendige Voraussetzung ist, lässt sich bereits über die Reliabilität solcher Fragebögen streiten. Gesetzt dem Falle, dass man die Objektivität für gegeben hält, verbirgt sich das nächste Problem in der Fragebogenkonstruktion. Gängige Persönlichkeitsmessinstrumente wie z. B. der BFI-K geben als standardisierte Antwortmöglichkeiten eine Likert-Skala mit dem Antwortspektrum *sehr unzutreffend – eher unzutreffend – weder noch – eher zutreffend – sehr zutreffend* vor (vgl. Rammstedt und John 2005, S. 206). Die über diese Antwortmöglichkeiten erhobenen Daten werden der Zuordnung ihres numerischen Relativs (Näheres dazu in Kap. 4), von 1 für sehr unzutreffend und 5 für sehr zutreffend, intervallskaliert behandelt, allerdings mit der Unterstellung, dass seitens der Messpersonen die begriffliche Assoziation des Abstandes zwischen sehr unzutreffend und eher unzutreffend genauso groß ist wie zwischen eher unzutreffend und weder noch und so fort. Dies mag bestenfalls plausibel klingen, allerdings ist die Reliabilität des Messinstrumentes dadurch erheblich beeinträchtigt, da es schlichtweg unmöglich ist zu wissen, ob Messpersonen die Begriffsmengen und inhaltlichen Abstände der Antwortmöglichkeiten als ausgewogen und gleichgroß wahrnehmen oder nicht. Da die Reliabilität also anders als bei metrisch messenden Instrumenten nicht angenommen werden kann, muss sie nachträglich geprüft werden und kann selbst dann nur geschätzt werden. ◄

Eine gewissenhafte Operationalisierung des psychometrischen Konstrukts begünstigt die Reliabilität des Messinstruments. Je präziser ein Konstrukt spezifiziert wurde und je eindeutiger es anhand von Indikatoren bestimmt werden kann, desto präziser können die Indikatoren gebildet werden. Eine Eindeutigkeit ist dann gegeben, wenn ein Indikator möglichst konkrete Informationen abfragt, die eindeutig einem numerischen Relativ zugeordnet werden können. Es mag auf den ersten Blick so scheinen, dass ein standardisiertes Item, das unverändert verschiedenen Menschen gezeigt wird, reliabel sein muss, weil das Item für alle gleich erscheint. Allerdings trügt der Schein, denn Items können unterschiedlich von Messpersonen interpretiert werden und dadurch unterschiedliche Messungen hervorrufen – das Messinstrument wäre nicht zuverlässig darin, die Variable zu messen (Näheres dazu in Kap. 5). Im Ergebnis wäre das Messinstrument (der Fragebogen, im Speziellen die gestellte Frage) nicht reliabel, weil das Item mehrdeutig konstruiert wurde. Eine gelungene Operationalisierung und die damit einhergehende gewissenhafte Itemkonstruktion ist die Bedingung dafür, dass ein Messinstrument theoretisch reliabel sein kann.

2.3 Validität

Ein Messinstrument ist valide, wenn es genau das misst, was es messen soll. Konsequent weitergedacht bedeutet dies, dass ein Messinstrument dann valide ist, wenn jeder seiner Indikatoren genau das misst, was es messen soll. Dies geschieht, wenn der Indikator „tatsächlich den Sachverhalt anzeigt, der mit dem definierten Begriff bezeichnet worden ist" (Kromrey 2009, S. 165). Um zu wissen, ob ein Indikator ausschließlich den zu messenden Sachverhalt anzeigt, müsste dieser eindeutig bestimmbar und isolierbar sein. Allerdings ist der Sachverhalt ohne Messung nicht zugänglich, weshalb wir vor ein logisches Problem gestellt sind: Wir können nicht wissen, ob unser Messinstrument valide ist. Aus diesem Grund wird die Validität geschätzt. Das Validitätsproblem hat seine Wurzel bereits im Operationalisierungsprozess, denn in der Operationalisierung

2.3 Validität

von Begriffen fließen so viele Vorannahmen ein, dass der wahre Gehalt der Messung nicht an dem wahren Sachverhalt, sondern dem vorher festgelegten Konzept des Sachverhaltes bemessen wird. Die Indikatorenauswahl nach der Konzeptspezifikation ist ein Selektionsprozess, in dem es darum geht, adäquate Indikatoren für eine wahre Abbildung des zu untersuchenden Sachverhaltes zu finden. Dieser Prozess findet in aller Regel gut begründet statt, seine Begründungspflicht impliziert jedoch, dass er nicht natürlich geschieht, sondern konstruiert wird. Kromrey spricht in dieser Hinsicht davon, dass die Indikatorenauswahl analog zu dem Verfahren der „bewussten Auswahl typischer Fälle" (Kromrey 2009, S. 176) geschieht und dass bei aller Mühe im Vorfeld die Gültigkeit der Indikatorenzuordnung erst im Nachhinein empirisch nachweisbar sei und schlägt dafür beispielsweise Korrelationsrechnungen und Faktorenanalysen vor. Dies sind gängige Verfahren, mit der sich die Validität zwar in Zahlen ausdrücken lässt, allerdings muss deutlich hervorgehoben werden, dass dies statistische Schätzverfahren sind und die Validität selbst nicht vollständig berechnet werden kann. Damit lässt sich konstatieren, dass die Indikatorenbildung und -auswahl auf Vermutungen basieren, die unterstellen, dass die durch Indikatoren gemessenen Sachverhalte dieselben sind, die in der vorangehenden Konzeptspezifikation begrifflich bestimmt wurden (vgl. Kromrey 2009, S. 181).

Flick (2012, S. 493) nennt drei typischen Problemfelder der Validität der qualitativen Forschung: 1) Zusammenhänge, Regeln, Prinzipien dort zu sehen, wo keine sind, 2) die nicht erkennen, obwohl sie existieren und 3) die falschen Fragen zu stellen. Allerdings sind dies keineswegs exklusive, der qualitativen Forschung vorbehaltene Schwierigkeiten für die Validität einer Messung. Die ersten beiden Fehlertypen beziehen sich auf das Korrespondenzproblem. Korrespondenzregeln verbinden Indikatoren mit den ihnen zugeordneten Dimensionen oder Begriffen, in jedem Fall den Sachverhalten, die durch sie gemessen werden sollen. Die Korrespondenzregel erläutert, worin die Verbindung zwischen Indikator und empirischem Sachverhalt liegt. Solche Korrespondenzregeln leiten sich nicht natürlich aus einem Sachverhalt ab, sondern werden durch Konventionen, d. h. normativ festgelegt. Es ist daher wichtig, den wissenschaftlichen Diskurs um Begriffsbestimmungen und ihrer Korrespondenzen transparent zu dokumentieren, um die eigenen Begründungen intersubjektiv nachvollziehbar zu machen. Je direkter sich Indikatoren auf einen Sachverhalt beziehen, desto leichter fällt die Begründung und desto einfacher lässt sich eine Korrespondenzregel aufstellen. Erschwert wird die Bildung von nachvollziehbaren Korrespondenzregeln dann, wenn unklar ist, welche Indikatoren für ein theoretisches Konstrukt angemessen sind.

> **Mehrsprachigkeit**
>
> Möchte man z. B. den empirischen Sachverhalt „Mehrsprachigkeit" erfassen, könnte der Indikator lauten: „Beherrscht mehr als eine Sprache mindestens auf Niveau C1 nach dem europäischen Referenzrahmen für Sprachen." Die dazugehörende Korrespondenzregel lautet: „Eine Person, die mehr als eine Sprache mindestens auf Niveau C1 nach dem europäischen Referenzrahmen für Sprachen beherrscht ist mehrsprachig." Die Festlegung auf das Sprachniveau C1 ist in diesem Fall willkürlich. Warum nicht B2 oder C2? Das Beherrschen von Sprachniveau C1 müsste gesondert begründet werden, nicht als Teil der Korrespondenzregel, sondern in der begrifflichen Operationalisierung von „Sprache" als Teilkonzept der „Mehrsprachigkeit". Es stellt sich die Frage, ab wann eine Sprache als beherrscht gilt. Der europäische Referenzrahmen unterscheidet drei übergeordnete Sprachkompetenzebenen: Niveau A bedeutet, dass man elementare Sprachanwendungen beherrscht. Niveau B bedeutet, dass man selbstständige Sprachanwendungen beherrscht und Niveau C bedeutet die kompetente Sprachverwendung. Damit die begriffliche Unterscheidung dieser Bezeichnungen gelingt, wurden die Sprachniveaus jeweils in zwei Subniveaus untergliedert und entsprechend operationalisiert[1]. Eine Begründung für das C1-Niveau könnte lauten, dass erst bei nachweisbarem Verständnis von anspruchsvollen Texten und ihren impliziten Inhalten eine Sprache beherrscht wird. ◄

Wenn man eine Gruppe von Indikatoren benötigt, um einen Sachverhalt abzubilden, spricht man von einer Indexierung. Möchte man das materielle Vermögen einer Person messen, können als Indikatoren beispielsweise Aktien, NFTs, Ersparnisse, Immobilien und Wertgegenstände dienen. Diese Indikatoren bilden zusammen einen Index. Die Grundidee von Indexbildungen ist diese: „Jeder Indikator ist für sich genommen nur eine teilweise Operationalisierung eines Begriffs. Die Verwendung *mehrerer* Indikatoren erhöht die Chance, Mess-Ungenauigkeiten zu verringern und so den gemeinten ‚wahren' Sachverhalt eher abzubilden." (Kromrey 2009, S. 169 [Herv. i. O.]) Für psychometrische Konstrukte ist die Indexbildung die Regel, da solche Konstrukte meist so komplex sind, dass einzelne Indikatoren zu allgemein formuliert werden müssten, um die Komplexität des Konstrukts abdecken zu können und dadurch mehr als nur das gewünschte Konstrukt abgebildet werden würde.

---

[1] https://www.europaeischer-referenzrahmen.de/sprachniveau.php

2.3 Validität

Das von Flick benannte Problem, Zusammenhänge dort zu sehen, wo keine sind, lässt sich auch auf falsche Schlussfolgerungen auf die Relation von Indikator und abzubildenden Sachverhalt beziehen. Pauschalisiert und einfach gesprochen kann man den Inhalt von Korrespondenzregeln so formalisieren: Wenn der Indikator das Vorhandensein der gesuchten Information indiziert, dann ist der zu messende Sachverhalt vorhanden. Ein Trugschluss wäre es jedoch anzunehmen, dass der Sachverhalt nicht vorhanden ist, wenn der Indikator die gesuchte Information nicht indiziert. Nehmen wir an, dass das Bildungsniveau einer Person anhand des höchsten Schulabschlusses gemessen werden soll. Schließen wir von fehlenden Schulabschlüssen darauf, dass die Person ungebildet ist, würden wir einen logischen Fehler begehen. Wir müssten weitere Indikatoren heranziehen, um eine valide Aussage über das wahre Bildungsniveau der zu untersuchenden Person treffen zu können. Der Bildungsabschluss ist nämlich nur der formale Nachweis über ein spezifisches Bildungsniveau, ein äquivalentes Bildungsniveau könnte jedoch über non-formale oder sogar informelle Wege erreicht werden.

Die Schlussfolgerung Flicks, dass die Frage der Validität von qualitativer Forschung zu einer Frage werde, „inwieweit die Konstruktionen des Forschers in den Konstruktionen derjenigen, die er untersucht hat, begründet sind und inwieweit für andere diese Begründetheit nachvollziehbar wird" (Flick 2012, S. 493), lässt sich ohne Weiteres auf die quantitative Sozialforschung übertragen, da Operationalisierung eben jene Konstruktionen von Forscher*innen sind und daraus auch ihre Begründungspflicht abgeleitet werden kann.

Eine fehlende oder nur unzureichende Validität hat zur Folge, dass das Messinstrument nur in Teilen oder überhaupt nicht das zu messende Konstrukt abbildet. Gegeben dem Falle, dass die semantische Analyse korrekt ist und sinnvolle Korrespondenzregeln erstellt wurden, kann die Validität des Messinstruments dennoch durch eine fehlerhafte Itemkonstruktion geschmälert werden, wenn z. B. Wörter benutzt werden, die zwar theoretisch präzise sind und trennscharfe Indikatoren ergaben, praktisch jedoch von den Testteilnehmenden nicht eindeutig verstanden werden können, weil z. B. Fachbegriffe oder Redewendungen verwendet wurden. Auch ein antiquierter Sprachgebrauch führt zu Messfehlern, daher können nicht vorbehaltlos Messinstrumente genutzt werden, die vor einigen Jahrzehnten erschaffen wurden. Das englische Adjektiv gay hat einen besonders viel diskutierten Bedeutungswandel durchgemacht und ist ein gutes Beispiel für den semantischen Wandel von Wörtern. In den 1990er-Jahren wurde in der englischsprachigen Linguistik zunehmend bemerkt, dass sich die Bedeutung des Wortes gay im allgemeinen Sprachgebrauch von glücklich zu homosexuell wandelte und die Aussage „I feel gay" nunmehr weniger eindeutig zu interpretieren ist (vgl. Robinson 2012, S. 38). Messinstrumente, die das Adjektiv gay nutzten, können aber nicht einfach das Adjektiv durch beispielsweise happy ersetzen, da dadurch ihre Validierung erneuert werden müsste. Messinstrumente sind hochsensibel für Zeit und Kultur, ebenso für Sprache. Validierte Messinstrumente können nicht ohne Weiteres wörtlich übersetzt werden, sie müssen dann in der übersetzten Version neu validiert werden. Die Grundlage für die Übersetzung bieten daher selten nur die verwendeten Begriffe, sondern die Korrespondenzregeln, die vor der eigentlichen Übersetzungsarbeit darauf geprüft werden müssen, ob sie auch transkulturelle und transsprachliche Gültigkeit aufweisen.

Exkurs: Interkulturelle Kritik an der Bindungsstilforschung
Das Konstrukt „Bindung bezeichnet eine enge emotionale, länger andauernde Beziehung zu bestimmten Menschen, die nach Möglichkeit sowohl Schutz bieten als auch unterstützend wirken" (Lengning und Lüpschen 2012, S. 11). Berühmt geworden ist das von Mary Ainsworth durchgeführte Sozialexperiment der Fremden Situation, indem Kinder im Alter von 11 bis 20 Monaten kurzzeitig von ihren primären Bezugspersonen (ausschließlich Müttern!) getrennt und wiedervereint und ihre Reaktionen beobachtet wurden, wobei phasenweise auch fremde Personen anwesend waren. Bindung ist kein direkt messbares Konstrukt, daher wurden Indikatoren für das zu messende Bindungsverhalten herangezogen. Die Operationalisierung lautete in etwa wie folgt: Das Kind zeigte Bindungsverhalten, wenn es versuchte, die Nähe zu seiner Bezugsperson herzustellen oder aufrecht zu erhalten. Dies äußerte sich durch Rufen, Klammern, Weinen, Protestieren, Nähe suchen und Ähnlichem. Es wurde auch darauf geachtet, ob es sich von der fremden Person oder der wiederkehrenden Mutter trösten ließ. Das Kind zeigte Explorationsverhalten, wenn es die Umwelt erkundete. Bindungs- und Explorationsverhalten schließen sich gegenseitig aus, das Kind kann nicht explorieren, während es den Bezug zur Mutter herstellt und umgekehrt. Ein Kind exploriert nur dann, wenn es sich sicher genug fühlt, es um den Schutz der primären Bezugsperson weiß, die als sichere Basis fungiert. Aus den Beobachtungen der Experimente sind verschiedene Bindungsmuster abgeleitet worden: sicher gebundene Kinder, unsicher-vermeidend gebundene Kinder sowie unsicher ambivalent gebundene Kinder. Später wurde mit dem desorganisierten Bindungsmuster das Modell weiter ausdifferenziert. Die interkulturelle Kritik am Experiment bezieht sich auf die Auswahl der Versuchspersonen und der theoretischen Fundierung. Das Bindungskonzept ist am Modell der psychologischen Autonomie orientiert. Dies lässt sich damit begründen, dass die Theorie und die empirischen Untersuchungen im euroamerikanischen Kreis entstanden

2.3 Validität

sind, in dem dieses Modell vorherrscht: „Kindzentriertheit, exklusive dyadische Aufmerksamkeit, Reaktion auf die kindlichen Signale und ein mentalistischer Diskurs als Ingredienzien einer sicheren Bindungsbeziehung setzten ein familiäres Umfeld voraus, in dem die Zeit für eine solche Sozialisationsstrategie vorhanden ist." (Keller 2011, S. 24) Das Konzept der Bindungstheorie ist jedoch stark an das protestantisch-westliche Familienbild und an die Psychodynamik Freuds angelehnt. Die Bedeutsamkeit einer sicheren Bindung in unserer Kindheit zu einer spezifischen Bezugsperson wie der Mutter ist in anderen Kulturen nicht ebenso stark ausgeprägt (vgl. Gottlieb 2004, S. 140). So könnte beispielsweise ein nach Ainsworth unsicher-vermeidend gebundenes Kind, das von der Abwesenheit der Mutter unbeeindruckt scheint und weiter explorieren kann, eventuell in anderen Kulturen als selbstsicher und unabhängig beurteilt werden. Berücksichtigt man die zeitliche und kulturelle Relativität, die sich aus der nicht wertfreien Indikatorenbildung und damit der Operationalisierung ableiten lässt, ist die Validität des Fremde-Situation-Experimentes eingeschränkt. Die Bindungstheorie von Bowlby und Ainsworth müsste eigentlich als Bindungstheorie einer spezifischen Gesellschaftsform und Kultur verstanden werden. Ohne diese Differenzierung besteht die Gefahr, Bindungsqualitäten und -muster nach den westlichen Normen und Werten zu verallgemeinern und zu standardisieren. In dem Versuch, die Operationalisierungen der Bindungsmuster zu universalisieren, würden transkulturelle Unterschiede in der Bewertung von Bindungsqualitäten übergangen und damit Messfehler verursacht werden.

Fazit
Die drei Güterkriterien der quantitativen Sozialforschung lauten Objektivität, Reliabilität und Validität. Alle drei werden maßgeblich durch die Operationalisierung von Konzepten, Indikatoren und den sie verbindenden Korrespondenzregeln beeinflusst. Operationalisierungsprozesse sind in besonderem Maße begründungspflichtig und Forscher*innen sind dazu angehalten, ihre Begründungen theoriebasiert und intersubjektiv nachvollziehbar zu präsentieren.

Fragen zur Reflexion Start

- Inwiefern beeinflussen Operationalisierungen die Objektivität, Reliabilität und Validität von Messinstrumenten?
- Was wird durch Korrespondenzregeln bestimmt?
- Was bedeutet es, dass Operationalisierungen zeit- und kulturabhängig sind?

Literatur

Adorno, T. W., Dahrendorf, R., Pilot, H., Albert, H., Habermas, J., & Popper, K. R. (1969). *Der Positivismusstreit in der deutschen Soziologie.* Neuwied: Luchterhand.
Bollnow, O. F. (1971). Empirische Wissenschaft und Hermeneutische Pädagogik. Bemerkungen zu Wolfgang Brezinka: Von der Pädagogik zur Erziehungswissenschaft. In *Zeitschrift für Pädagogik 17*, S. 683–708.
Brezinka, W. (1978). *Metatheorie der Erziehung. Eine Einführung in die Grundlagen der Erziehungswissenschaft, der Philosophie der Erziehung und der Praktischen Pädagogik.* München/Basel: Ernst Reinhardt Verlag.
Brühl, R. (2015). *Wie Wissenschaft Wissen schafft.* Konstanz und München: UTB.
Clausen, J. (2005). Wie sich die Wissenschaft ihr Wissen schafft. In K. Schneider, E. Brinker-Meyendriesch, & A. Schneider, *Pflegepädagogik. Für Studium und Praxis* (S. 215–246). Heidelberg: Springer Medizin Verlag.
Döring, N., & Bortz, J. (2016). *Forschungsmethoden und Evaluation in den Sozial- und Humanwissenschaften.* Berlin, Heidelberg: Springer.
Fischer, L., & Wiswede, G. (2009). *Grundlagen der Sozialpsychologie.* München: Oldenbourg.
Flick, U. (2012). *Qualitative Sozialforschung.* Hamburg: rowohlt.
Gottlieb, A. (2004). *The Afterlife is Where We Come From: The Culture of Infancy in West Adrica.* Chicago: University of Chicago Press.
Keller, H. (2011). *Kinderalltag: Kulturen der Kindheit und ihre Bedeutung für Bindung, Bildung und Erziehung.* Berlin [u. a.]: Springer.
Kromrey, H. (2009). *Empirische Sozialforschung.* Stuttgart: UTB.
Kron, F. W. (1999). *Wissenschaftstheorie für Pädagogen.* München/Basel: Ernst Reinhardt Verlag.
Krüger, H.-H. (2009). *Einführung in Theorien und Methoden der Erziehungswissenschaft.* Stuttgart: Verlag Barbara Budrich UTB.
Laux, L. (2008). *Persönlichkeitspsychologie.* Stuttgart: Kohlhammer.
Lengning, A., & Lüpschen, N. (2012). *Bindung.* München, Basel: UTB.
Lochner, R. (1963). *Deutsche Erziehungswissenschaft.* Meisenheim am Glan: Verlag Anton Hain.
Maltby, J., Day, L., & Macaskill, A. (2011). *Differentielle Psychologie, Persönlichkeit und Intelligenz.* Hallbergmoos: Pearson.
Murray, S. L., Holmes, J. G., & Griffin, D. W. (1996). The Benefits of Positive Illusions: Idealization and the Construction of Satisfaction in Close Relationships. *Journal of Personality and Social Psychology, Vol. 70, No. 1*, S. 79–98.
Nohl, H. (1988). *Die pädagogische Bewegung in Deutschland und seine Theorie.* Frankfurt am Main: Vittorio Klostermann.
Rammstedt, B., & John, O. P. (2005). Kurzversion des Big Five Inventory (BFI-K): Entwicklung und Validierung eines ökonomischen Inventars zur Erfassung der fünf Faktoren der Persönlichkeit. *Diagnostica, Vol. 51, Heft 4*, S. 195–206.
Robinson, J. A. (2012). A gay paper: why should sociolinguistics bother with semantics? *English Today 112, Vol. 28, No. 4*, S. 38–54.

Roth, H. (2. Jg. 1963). Die realistische Wendung in der Pädagogischen Forschung. In H. Becker, E. Blochmann, O. F. Bollnow, E. Heimpel, & M. Wagenschein, *Neue Sammlung. Göttinger Blätter für Kultur und Erziehung* (S. 481–490). Göttingen: Vandenhoeck & Ruprecht.

Schülein, J. A., & Reitze, S. (2012). *Wissenschaftstheorie für Einsteiger.* Wien: facultas wuv UTB.

Smith, P. B. (2014). Sozialpsychologie und kulturelle Unterschiede. In K. Jonas, W. Stroebe, & M. Hewstone, *Sozialpsychologie* (S. 565–605). Berlin, Heidelberg: Springer.

Wellenreuther, M. (2000). *Quantitative Forschungsmethoden in der Erziehungswissenschaft.* Weinheim und München: Juventa Verlag.

Interpretative Aspekte der Operationalisierung

3

> **Zusammenfassung**
>
> Da das vorangehende Kapitel aufzeigte, dass die Gütekriterien eines Messinstruments maßgeblich von der Sorgfältigkeit der Operationalisierung abhängen, wird nun der eigentliche Operationalisierungsprozess differenziert und kritisch hinsichtlich seiner Fehlerquellen betrachtet. Es wird deutlich gemacht, dass den Formulierungen und Spezifikationen der Konzepte und den gebildeten Indikatoren bereits eine große Anzahl an Vorannahmen, Vorentscheidungen und Interpretationsfolien zugrunde liegen.

Im vorangehenden Kapitel haben wir dargestellt, dass eine Operationalisierung aufgrund ihrer normativen Begriffsbestimmungen kein objektiver Prozess ist, sondern nur intersubjektiv nachvollziehbar gemacht werden kann. Daher soll in diesem Kapitel beispielhaft am Begriff der Persönlichkeit nachvollziehbar gemacht werden, welchen Einfluss bereits theoretische Vorannahmen auf die Operationalisierung des Begriffs, d. h. die Messbarmachung der menschlichen Persönlichkeit, haben.

Wenn in der Persönlichkeitspsychologie die eigene Forschungsgeschichte thematisiert wird, geschieht dies meist in der Rekapitulation unterschiedlicher Paradigmen, die zu bestimmten Zeitpunkten einen maßgeblichen Einfluss darauf hatten, was unter Persönlichkeit verstanden und wie sie erforscht wurde. Wer sich heute mit der Persönlichkeitsforschung beschäftigt, setzt sich zunächst mit diesen Paradigmen auseinander, um nachvollziehen zu können, aus welcher Perspektive das Konzept bereits angenähert und erforscht wurde. Je nachdem, welche Quellen man heranzieht, findet man unterschiedlich vollständige Listen von Paradigmen. Schon hier gibt es eine literaturbasierte Vorauswahl, durch die unsere theoretische Annäherung eingeschränkt ist. Die Vorauswahl ist beispielsweise abhängig davon, welche Literatur in welcher Sprache vorliegt oder ob unsere Heimatinstitution die Lizenzen für die Literatur erworben hat. Zudem spielt auch eine Rolle, ob finanzielle Ressourcen vorhanden sind, um die Literatur zu beschaffen. Asendorpf und Neyer (2018) nennen sechs Paradigmen der Persönlichkeitspsychologie: Das Eigenschafts-, das Informationsverarbeitungs-, das dynamisch-interaktionistische, das neurowissenschaftliche, das molekulargenetische sowie das entwicklungspsychologische Paradigma. Bei Rauthmann (2017) tauchen diese teilweise wieder auf, wenngleich unter anderem Namen. Dort werden auch sieben Paradigmen beschrieben: das psychodynamische, das lerntheoretische, das humanistische, das kognitive, das dispositionale, das biologische und das transaktionale Paradigma. Die verschiedenen Paradigmen unterscheiden sich insbesondere darin, was im Fokus ihrer Untersuchungen bei der Bestimmung der menschlichen Persönlichkeit steht. Paradigmen, die aus Freuds Psychoanalyse abgeleitet oder zumindest theoretisch von ihr beeinflusst sind, betonen die Bedeutung von Affekten, insbesondere von Lust und Unlust für die Persönlichkeit. Die biologischen Paradigmen fokussieren genetische Aspekte der Persönlichkeit und dispositionale Paradigmen die Verhaltensweisen von Menschen. Entsprechend unterschiedliche Operationalisierungen lassen sich daher für die Persönlichkeit ableiten. Das Informationsverarbeitungsparadigma nimmt an, dass die Informationsübertragung im Nervensystem das menschliche Verhalten und Erleben konstituiert, Persönlichkeit sich also in Reiz-Reaktionsschemata erklären lässt (Asendorpf und Neyer 2018, S. 32). Das molekulargenetische Paradigma versucht, die Persönlichkeit in individualtypischen Allelmustern identifizieren zu können (Asendorpf und Neyer 2018, S. 62). Abhängig davon, nach welchem Paradigma man sich richtet, ergeben sich daraus automatisch unterschiedliche, teils widersprüchliche Operationalisierungen. Der gegenwärtige Konsens ist, dass das Eigenschaftsparadigma das vorherrschende Paradigma und das Fünf-Faktoren-Modell die etablierteste Dimensionalisierung des Konzeptes Persönlichkeit ist.

Wissensbaustein: Eigenschaftsparadigma
Stern und Allport gelten als die Begründer des Eigenschaftsparadigmas (vgl. Asendorpf 1996, S. 35). Dessen Grundannahme ist, dass Menschen in ihrem Verhalten und Erleben Regelmäßigkeiten zeigen und sie charakteristische körperliche Merkmale aufweisen. Die besagten Verhaltens- und Erlebensregelmäßigkeiten sind nicht direkt beobachtbar, können jedoch über Beobachtungswiederholungen durch Indikatoren erschlossen werden (vgl. Asendorpf 2015, S. 14). Diesem Ansatz folgend

konzentriert man sich bei der Erforschung der Persönlichkeit auf die individuellen Unterschiede, z. B., indem Untersuchungen mit Vergleichsgruppen mit sich in Alter und Kultur ähnelnden Versuchspersonen arbeiten. Durch die Analyse der Verhaltens- und Erlebnisweisen dieser Individuen können anhand von Gegenüberstellungen die individuellen Unterschiede herausgestellt und dabei die Einzigartigkeit jeder Person berücksichtigt werden. In der Forschung setzte sich der Begriff Trait durch, um die beobachtbaren Eigenschaften zu beschreiben, daher auch der Name Eigenschaftsparadigma. Die für die Forschung relevanten Persönlichkeitseigenschaften wurden über ausführliche Analysen und Dimensionalisierungen von Eigenschaftslisten bestimmt und münden immer in einer Auswahl von Eigenschaftsbegriffen. Sie dienen „der Erklärung interindividueller Verhaltens- und Erlebenstrends" (Angleitner und Riemann 2005, S. 93) und werden in der Forschung auch zur Vorhersage des zukünftigen Erlebens sowie Verhaltens gebraucht. Sheldon, Allport, Cattell und Eysenck lieferten mit ihren Arbeiten zentrale Erkenntnisse, die zur Herausbildung des Eigenschaftsparadigmas beitrugen (Maltby et al. 2011, S. 294 ff.). Besonders beeindruckend ist das Fünf-Faktoren-Modell, das durch den lexikalischen Ansatz entwickelt wurde und gegenwärtig den Standard der quantitativen Persönlichkeitsforschung darstellt. Der lexikalische Ansatz geht davon aus, dass alle für uns Menschen relevanten Eigenschaften einen wörtlichen Niederschlag gefunden haben. Allport und Odbert analysierten 1936 ein englisches Standardwörterbuch und fanden rund 18.000 Begriffe, die Traits beschreiben (vgl. Larsen et al. 2013, S. 65). Eine erste Reduzierung führte zu vier Kategorien mit insgesamt 4504 Adjektiven, daran anschließende faktorenanalytische Verfahren wurden Synonyme weggestrichen und unter Berücksichtigung von starken Korrelationen Kürzungen vorgenommen, die schließlich in deutlich weniger Begriffen mündeten (vgl. Goldberg 1990, S. 1216). Nach einigen Versuchen durch unterschiedliche Autor*innen veröffentlichte Goldberg 1981 eine Übersichtsarbeit und sprach sich für die berühmt gewordene Bezeichnung „Big Five" von fünf Persönlichkeitsdimensionen aus (vgl. Seel und Hanke 2015, S. 382).

Der sehr aufwendige Prozess, in dem über die Selektion von Eigenschaftswörtern eines Wörterbuchs auf die für die menschliche Persönlichkeit relevanten Adjektive geschlossen wird, wirkt auf den ersten Blick allein aufgrund der umfangreichen Arbeit hieb- und stichfest. Allerdings sind auch hier wieder einige

Vorannahmen getroffen worden. De Raad kritisierte, dass lediglich Adjektive und keine Nomen und Verben im Zusammenhang mit der Persönlichkeit untersucht wurden, da Nomen und Verben für das Verständnis von Adjektiven relevant seien und mehr noch, Nomen und Verben können in der Anwendung von Ratingskalen wie Likert-Skalen expressiver sein als Adjektive (vgl. De Raad 1992, S. 28). Überhaupt ist die Grundannahme des lexikalischen Ansatzes problematisch. Geht man davon aus, dass alle relevanten Eigenschaften, die zur Konstitution der menschlichen Persönlichkeit relevant sind, einen wörtlichen Niederschlag erfahren haben, müssten dann nicht unterschiedliche Kulturen unterschiedliche sprachliche Niederschläge gefunden haben? Gibt es vielleicht Eigenschaften, die in westlichen Kulturen nicht existieren, dafür aber in afrikanischen, arabischen oder asiatischen Kulturen existent sind? Diese Probleme sind nicht bloß auf die Eigenschaftswörter und die dahinter liegenden Konzepte bezogen, sondern auch auf die Big Five selbst. De Raad kritisierte später, dass die lexikalische Replizierbarkeit der fünf Dimensionen in anderen Sprachen nicht bedeutet, dass diese Dimensionen tatsächlich transkulturell dieselben sind (vgl. De Raad 1998, S. 120). An die Frage der transkulturellen Übertragbarkeit der Big Five schließt sich die Frage der zeitlichen Übertragbarkeit an. Die Bedeutung von Wörtern und auch Adjektiven verändert sich. Außerdem werden manche Adjektive antiquiert und wieder andere entstehen neu. Daher ist stets zu überprüfen, ob die Validität des Messinstruments sich nicht über die Zeit hinweg verändert habe. Immerhin ist ein Messinstrument, das zum Zwecke der Messung von Persönlichkeitsmerkmalen erstellt wurde, nur dann valide, wenn es tatsächlich die menschliche Persönlichkeit vollständig abbildet. Kommen im Laufe der Jahrzehnte jedoch neue Facetten der Persönlichkeit hinzu, die zuvor entweder paradigmatisch oder schlichtweg gesellschaftlich unbeachtet blieben, nimmt die Validität des Messinstruments automatisch ab – wie wir im vorangegangenen Kapitel bereits dargelegt haben. Aus diesem Grund bieten sich Operationalisierungen für Persönlichkeit an, aus diesem Grund formulieren Asendorpf und Neyer (2018, S. 20) eine Operationalisierung, die dem zeitlichen und kulturellen Aspekt Rechnung trägt: „Persönlichkeit ist die nichtpathologische Individualität eines Menschen in körperlicher Erscheinung, Verhalten und Erleben im Vergleich zu einer Referenzpopulation von Menschen gleichen Alters und gleicher Kultur." Das Ende der Definition adressiert das Problem der Zeit- und Kultursensitivität. Dadurch, dass die Persönlichkeit immer in Referenz zu Vergleichsgruppen gleichen Alters und gleicher Kultur bestimmt werden, werden Messfehler, die im Zusammenhang mit dem Messinstrument stehen, etwas ausgeglichen. Benutzt man beispielsweise einen Fragebogen mit Items, die auf Eigenschaftslisten aus den 1950er-Jahren basieren, könnte eine im Jahr 2022 70-jährige Person die Eigenschaftswörter anders interpretieren als es eine 20-jährige Person dies tun würde. Das ändert zwar nichts daran, dass das Messinstrument aktualisiert werden müsste, aber zumindest wurden über die Operationalisierungen solche Schwierigkeiten antizipiert, da die Persönlichkeit nur sinnvoll analysiert werden könne, wenn Menschen gleichen Alters und gleicher Kultur miteinander verglichen werden.

Dem lexikalischen Ansatz folgend werden aus der Gesamtheit aller Adjektive über analytische Verfahren so lange Begriffe gekürzt, bis nur die relevantesten Begriffe übrigbleiben. Dies hat ganz pragmatische Gründe: Wir können Versuchspersonen unmöglich einen Fragebogen mit 18.000 Eigenschaftswörtern zur Bearbeitung vorlegen. Es lohnt sich allerdings, den Selektionsprozess genauer zu betrachten. Das Identifizieren redundanter Adjektive beispielsweise erfolgt über die Berechnungen von Korrelationen. Eine Korrelation gibt an, welche Stärke und Richtung ein statistischer Zusammenhang hat. Ihr Signifikanzwert erlaubt darüber hinaus eine Aussage darüber, inwiefern dieser statistische Zusammenhang vom Zufall abhängt. Wenn eine sehr starke Korrelation zwischen zwei Adjektiven berechnet wird, geht man davon aus, dass sie synonym verstanden werden und daher eines redundant ist. Welches Adjektiv gestrichen wird, hängt dann davon ab, welches der beiden Wörter mit anderen Adjektiven die geringsten Überschneidungen hat, damit die Trennschärfe möglichst hoch ist. Doch ab wann gelten Korrelationen eigentlich als stark genug dafür, dass man von einem Synonym ausgehen kann? Ein echtes Synonym wäre bei einem Korrelationswert von 1 gegeben, d. h. bei vollständiger Übereinstimmung. Wie steht es beispielsweise mit den Begriffen: „lieb", „nett" und „freundlich"? Die inhaltliche Überschneidung dieser drei Wörter ist zweifelsfrei sehr groß. Doch wie groß muss sie sein, damit in einem Selektionsprozess entschieden wird, ob ein Adjektiv als synonym gewertet wird oder nicht? Letztlich werden solche Entscheidungen entweder willkürlich, wenngleich gut begründet getroffen oder unter Berufung auf Konventionen, die wiederum auf einer Einigung durch die Wissenschaftsgemeinschaft basiert. Korrelationen von $|r| \geq .5$ gelten meist schon als starke Zusammenhänge, weil selten höhere Korrelationen entstehen können, da die meisten psychologischen Konstrukte von mehr als nur einer Variablen beeinflusst werden. Nun werden mit hoher Wahrscheinlichkeit Menschen, die von sich behaupten, nett zu sein, auch von sich behaupten, lieb zu sein, d. h. es sind extrem hohe Korrelationswerte von $r \geq .8$ zu erwarten. Die Interpretation dieser Kennwerte basiert auf der von Cohen (1988) eingeführten Interpretationskonvention. Deshalb ist festzuhalten, dass die objektiv anmutenden Kennwerte, egal wie hoch sie sind, immer zu interpretieren sind und diese Interpretationen auf Konventionen beruhen.

Interpretative Schritte während des gesamten Operationalisierungsprozesses sind völlig normal und unumgänglich, d. h. sie beschränken sich nicht nur auf die Vorannahmen über das Konstrukt und dessen Konzeptspezifikation. Immerhin müssen aus der Konzeptspezifikation die konkreten Items abgeleitet werden, über die das Konzept überhaupt gemessen werden kann. Obwohl dies regelgeleitet geschieht (s. Kap. 5) und die Entscheidung für Indikatoren empirisch begründet sein sollte, ist die Formulierung von Aussagen bzw. Fragen und damit die Übersetzung der Konzeptspezifikation in Items erneut abhängig von Überlegungen, die interpretativ sind. Überhaupt geschieht ja die Zuordnung bestimmter Indikatoren zu Dimensionen bzw. Begriffen über Korrespondenzregeln, die wiederum von Forscher*innen begründete Festlegungen darstellen, ohne dass diese Regeln selbst empirisch überprüft werden können (vgl. Burzan 2014, S. 1031). Die Begriffe, über die für das zu messende Konstrukt entscheidende Merkmale gemessen werden, werden selten nur durch reine Begriffslisten dargestellt, da solche Instrumente im Vergleich zu Instrumenten, die aus Aussagen bestehen, zwar schneller zu bearbeiten und auszuwerten sind, aber nur eine eingeschränkte Differenzierung ermöglichen. Aussagenbasierte Persönlichkeitsfragebögen umfassen komplexere Halbsätze, denen in Abstufungen zugestimmt oder widersprochen werden kann, weshalb komplexere Antwortformate, wie z. B. Likert-Skalen genutzt werden können. Allerdings ist die Konstruktion von Aussagen schwieriger und zeitaufwendiger als die von reinen Begriffslisten. Das liegt unter anderem daran, dass durch die konstruierten Aussagen keine Bedeutungsverschiebung oder Missverständlichkeit hergestellt werden darf. Die Aussage darf den Begriffsinhalt des eigentlich zentralen Begriffs nicht verändern oder einschränken. Der Preis für die erhöhte Komplexität ist ein erhöhter Arbeitsaufwand und das Risiko, dass damit die eigentliche Messintention verfehlt oder zumindest fehlerbehaftet ist. Dennoch bleibt immer eine Restwahrscheinlichkeit, dass ein inhaltlicher Fehler oder eine Ungenauigkeit begangen wurde, während man die Items formulierte (vgl. Raithel 2008, S. 38).

Diese interpretativen Aspekte der Operationalisierung gelten für alle psychosozialen Konstrukte, die einer Operationalisierung bedürfen. Deshalb werden in den folgenden Kapiteln die wichtigsten Aspekte bei der Indikatorenbildung ausführlich behandelt. Dabei gehen wir immer wieder auf die hier angesprochenen interpretativen Aspekte ein, beispielsweise anhand der von uns formulierten Regeln in Kap. 5 oder im beispielhaften Ablauf einer Operationalisierung in Kap. 6.

Fazit

Am Beispiel des Eigenschaftsparadigmas der Persönlichkeitspsychologie und dem etablierten Modell der Big Five wurde aufgezeigt, dass der gesamte

Operationalisierungsprozess durchdrungen ist von Interpretationen, Normierungen und Konventionen. Das Verständnis hierüber ermöglicht es, die Konstruktion von Fragebögen mit einem hohen Maß an Intersubjektivität herzustellen.

Fragen zur Reflexion Start

- Welche Teile des Operationalisierungsprozesses sind besonders von Interpretationen abhängig?
- Was ist damit gemeint, dass statistische Kennwerte auf Grundlage von Konventionen interpretiert werden?

Literatur

Angleitner, A., & Riemann, R. (2005). Eigenschaftstheoretische Ansätze. In H. Weber, & T. Rammsayer, Handbuch der Persönlichkeitspsychologie und Differentiellen Psychologie (S. 83–103). Göttingen: Hogrefe.

Asendorpf, J. (1996). *Psychologie der Persönlichkeit: Grundlagen.* Berlin [u. a.]: Springer.

Asendorpf, J. B. (2015). *Persönlichkeitspsychologie für Bachelor.* Berlin, Heidelberg: Springer.

Asendorpf, J. B., & Neyer, F. J. (2018). *Psychologie der Persönlichkeit.* Berlin, Heidelberg: Springer.

Burzan, N. (2014). Indikatoren. In N. Baur, & J. Blasius, *Handbuch Methoden der empirischen Sozialforschung* (S. 1029–1036). Wiesbaden: Springer VS.

Cohen, J. (1988). *Statistical power analysis for the behavioral sciences.* Hillsdale, N.J: L. Erlbaum Associates.

De Raad, B. (1992). The replicability of the Big Five personality dimensions in three word-classes of the Dutch language. European Journal of Personality, Vol. 6, S. 15–29.

De Raad, B. (1998). Five Big, Big Five Issues: Rationale, Content, Structure, Status, and Crosscultural Assessment. European Psychologist, Vol. 3, No 2, S. 113–124.

Goldberg, L. R. (1990). An Alternative "Description of Personality": The Big-Five Factor Structure. *Journal of Personality and Social Psychology, Vol 59, No. 6*, S. 1216–1229.

Larsen, R. J., Buss, D. M., & Wismeijer, A. (2013). *Personality Psychology: Domains of Knowledge About Human Nature.* New York: Mcgraw-Hill Professional.

Maltby, J., Day, L., & Macaskill, A. (2011). *Differentielle Psychologie, Persönlichkeit und Intelligenz.* Hallbergmoos: Pearson.

Raithel, J. (2008). *Quantitative Forschung. Ein Praxiskurs.* Wiesbaden: VS Verlag für Sozialwissenschaften.

Rauthmann, J. F. (2017). *Persönlichkeitspsychologie: Paradigmen – Strömungen – Theorien.* Berlin, Heidelberg: Springer.

Seel, N. M., & Hanke, U. (2015). Erziehungswissenschaft. Lehrbuch für Bachelor-, Master- und Lehramtsstudierende. Berlin, Heidelberg: Springer

Skalenniveaus und Skalenformen 4

Zusammenfassung

Wir haben bereits in den vorherigen Kapiteln die Skalenniveaus angesprochen. Im Kontext unseres Verständnisses von Operationalisierung befinden wir uns hier bei Schritt 4 – der Itemkonstruktion, d. h. nach der theoretischen Definition unseres Konstrukts und der Festlegung der Indikatoren und des Messinstruments. Es geht nun um die messtheoretische Frage, wie wir die Indikatoren messen können, oder anders formuliert, wie wir ihnen Zahlen zuordnen. Denn indem wir den Ausprägungen einer Verhaltensweise oder einer Einstellung Zahlen zuordnen, messen wir. Wie sich eine solche Zuordnung vornehmen lässt, schauen wir uns im Folgenden an. Dazu werden wir zunächst auf die Begriffe empirisches Relativ und numerisches Relativ eingehen, um uns dann konkreter die Zuordnungen in Form der Skalenniveaus anzuschauen. Anschließend gehen wir auf verschiedene Skalenformen ein, die damit in Zusammenhang stehen. Der Fokus liegt hier auf der Konstruktion einer Likert-Skala.

4.1 Empirisches Relativ und numerisches Relativ

Wenn wir eine Zuordnung vornehmen, dann bewegen wir uns in zwei verschiedenen Bereichen bzw. vom einen in den anderen – vom empirischen Relativ ins numerische Relativ. Alles, was wir an Eigenschaften oder Verhaltensweisen oder Einstellungen einer Person vorfinden, befindet sich im empirischen Bereich, anders formuliert im beobachtbaren Bereich – wir können die Ausprägung einer

Eigenschaft beobachten. Damit wir diese aber auch messen, und sie nicht mehr nur ein Indikator ist, müssen wir ihr eine Zahl zuordnen und uns damit in den numerischen Bereich bewegen. Mit dem Begriff Indikator bewegen wir uns also im empirischen Bereich – das könnte beispielsweise das Item „Mir ist es wichtig, dass wir einmal pro Woche telefonieren" sein, um auf die Kontakthäufigkeit in einer Freundschaft hinzuweisen. Wollen wir dies messen, ordnen wir den verschiedenen Ausprägungen oder anders formuliert den verschiedenen Haltungen zu dieser Aussage Zahlen zu. Damit befinden wir uns im numerischen Bereich und messen. Das empirische Relativ besteht „aus einer Menge von Objekten und einer oder mehreren beobachtbaren Relationen zwischen diesen Objekten. Die Menge von Objekten enthält jeweils diejenigen Objekte (oder Personen), die gemessen werden sollen" (Sedlmeier und Renkewitz 2018, S. 66). Das numerische Relativ „besteht aus einer Menge von Zahlen und einer bestimmten Anzahl von definierten Relationen zwischen diesen Zahlen" (Sedlmeier und Renkewitz 2018, S. 66). Mit Relationen ist dabei gemeint, dass alle zugeordneten Zahlen in einem spezifischen Verhältnis zueinanderstehen, die das empirische Verhältnis zwischen den Merkmalsausprägungen widerspiegeln sollen. Sedlmeier und Renkewitz (2018, S. 64) führen hier ein anschauliches Beispiel an: „Wenn wir also mittels beobachtbarer Indikatoren feststellen können, dass zwischen Frau A und Herrn B die Relation ‚ist intelligenter als' besteht, so muss Frau A hinsichtlich ihrer Intelligenz auch eine größere Zahl (ein größerer Messwert) zugeordnet werden als Herrn B."

Durch die Zuordnung von Zahlen zu den Ausprägungen sind präzisere Aussagen über das Merkmal möglich als durch „einfache sprachliche Beschreibungen" (Sedlmeier und Renkewitz 2018, S. 64). Im numerischen Relativ sprechen wir dann nicht mehr von einem Indikator oder einem Merkmal, sondern von einer Variablen.

▶ **Variable** Variable ist die Bezeichnung für ein Merkmal im numerischen Relativ. Im empirischen Relativ sprechen wir von einem Merkmal mit verschiedenen Ausprägungen. Im numerischen Relativ bezeichnen wir dies als Variable mit verschiedenen Skalenpunkten.

Wie aber wissen wir, welche Zahlen wir den Ausprägungen zuordnen? Dafür benötigen wir eine Zuordnungsregel (vgl. Sedlmeier und Renkewitz 2018, S. 64. „Diese Zuordnungsregel muss gewährleisten, dass bestimmte Relationen (Beziehungen) zwischen den Zahlen analoge empirische Relationen zwischen den Messobjekten abbilden" (Sedlmeier und Renkewitz 2018, S. 64). Dabei geht es darum, welche Relationen im empirischen Bereich relevant sind und nicht darum, welche Relationen im numerischen Relativ zwischen den Zahlen per se existieren (vgl. Sedlmeier und Renkewitz 2018, S. 64 f.). Dass zwischen der Zahl 1 und 2 die Relationen bestehen, dass 1 ungleich 2 ist, 2 größer als 1 ist und zwischen 1 und 2 der gleiche Abstand besteht wie zwischen 3 und 4, bedeutet nicht automatisch, dass diese Relationen für unser Merkmal im empirischen Relativ auch bedeutsam sind.

Beispiel

Schauen wir uns das Merkmal Haarfarbe mit den Ausprägungen blond, schwarz, braun und rot an. Würden wir diesen Ausprägungen eine 1 (blond), 2 (schwarz), 3 (braun) und 4 (rot) zuordnen, dann bestehen zwischen diesen Ausprägungen nicht auch die Relationen, die zwischen den Zahlen 1, 2, 3 und 4 bestehen. Denn blond ist nicht kleiner oder weniger als schwarz und auch der Abstand zwischen blond und schwarz, und braun und rot ist eher diffus und unbestimmbar. Wenn also nur die Beziehung gleich bzw. ungleich hier besteht, dann könnten wir auch andere Zahlen zuordnen: 5 (blond), 100 (schwarz), 30 (braun), 7 (rot). Dass die Haarfarben unterschiedlich sind, drückt sich immer noch in den Zahlen aus. Schauen wir uns hingegen das Merkmal Alter in Jahren bei vier verschiedenen Personen an, dann existieren zwischen diesen Ausprägungen (Jahren) im empirischen Relativ ebenso wie im numerischen Relativ die Relationen, dass 14 ungleich 20 ist, 20 größer als 14 und der Abstand zwischen 1 und 2 Jahren genauso groß ist wie zwischen 3 und 4 Jahren. ◄

In diesen beiden Beispielen[1] haben wir bereits zwei zentrale Relationen zwischen den Ausprägungen von Merkmalen angesprochen: die Äquivalenzrelation und die Ordnungsrelation im empirischen Relativ bzw. die Gleichheitsrelation und die Größer-Kleiner-Relation im numerischen Relativ (vgl. Sedlmeier und Renkewitz 2018, S. 66). Die Äquivalenzrelation findet sich im empirischen Relativ zwischen den verschiedenen Haarfarben wieder, im numerischen Relativ entspricht diese der Gleichheitsrelation zwischen den Zahlen, die wir den Haarfarben zugeordnet haben. Bei den verschiedenen Jahren, die jemand alt ist, haben wir im empirischen Relativ sowohl eine Äquivalenzrelation als auch eine Ordnungsrelation, die sich ebenso in der Gleichheitsrelation und der Größer-Kleiner-Relation im numerischen Relativ zwischen den Zahlen, die den Jahren

---

[1] Weitere anschauliche Beispiele finden sich bei Sedlmeier und Renkewitz (2018, S. 64 f.).

zugeordnet werden, wiederfinden. Demnach bezieht sich die Äquivalenzrelation immer darauf, ob etwas gleich oder ungleich ist, darauf, ob die Ausprägungen eines Merkmals die gleichen sind oder ob sie verschieden sind. Haben Person A und B blonde Haare und Person C braune Haare, dann haben Person A und B die gleiche Ausprägung beim Merkmal Haarfarbe, Person C aber hat eine andere, nicht die gleiche Ausprägung. Die Ordnungsrelation bezeichnet, ob etwas größer, mehr, länger, besser etc. ist, d. h., „dass ein Merkmal bei einem Objekt stärker ausgeprägt ist als bei einem anderen" (Sedlmeier und Renkewitz 2018, S. 66). Das Entscheidende an der Ordnungsrelation ist dementsprechend, dass sie die Ausprägungen ordnet bzw. in eine Rangfolge bringt. Ist Person A 14 Jahre, Person B 20 Jahre und Person C 30 Jahre alt, dann ist Person A die jüngste Person in der Rangfolge, Person B ist älter als Person A und Person C ist älter als Person A und B. Hier gilt natürlich ebenso die Äquivalenzrelation: Person A, B und C sind unterschiedlich alt und haben demnach nicht die gleiche Ausprägung beim Merkmal Alter in Jahren.

Die Relationen im empirischen Relativ müssen sich dementsprechend auch im numerischen Relativ widerspiegeln, damit wir von einer Zuordnung von Zahlen zu den Ausprägungen eines Merkmals und einer Messung sprechen können. Eine solche Zuordnung wird „als *Abbildung* bezeichnet. Beim Messen wird ein empirisches Relativ in ein numerisches Relativ abgebildet" (Sedlmeier und Renkewitz 2018, S. 66, Herv. i. O.). Sedlmeier und Renkewitz (2018, S. 67) führen hier noch den Begriff homomorphe Abbildung an: Spiegelt eine solche Zuordnung die Relationen zwischen den Objekten im empirischen Relativ in Zahlen wider, dann sprechen wir von einer homomorphen Abbildung. Bühner und Ziegler (2017, S. 31) sprechen hier von Strukturtreue. Wie wir bereits an den Beispielen Haarfarbe und Alter gesehen haben, wird jeder Ausprägung „genau eine Zahl" (Sedlmeier und Renkewitz 2018, S. 66) zugeordnet und dementsprechend erhalten bei einer Messung Personen, die die gleiche Ausprägung des Merkmals haben, auch die gleiche Zahl, bei unterschiedlichen Ausprägungen erhalten sie dementsprechend auch unterschiedliche Zahlen – „[j]edes Objekt wird in eine Zahl abgebildet" (Sedlmeier und Renkewitz 2018, S. 66).

Aus dem Erstellen einer solchen Zuordnung ergeben sich drei Probleme, die wir berücksichtigen müssen: das Repräsentationsproblem[2], das Eindeutigkeitsproblem und das Bedeutsamkeitsproblem. Bei Ersterem geht es darum, dass die Relationen im empirischen Relativ im numerischen auch tatsächlich abgebildet werden können (vgl. Sedlmeier und Renkewitz 2018, S. 68 f.). Das Eindeutigkeits-

---

[2] Dies wird auch Repräsentativitätsproblem (z. B. Bühner und Ziegler 2017, S. 32) genannt.

problem bezieht sich darauf, dass diese Abbildung auch nach der Transformation[3] der Messwerte in eine andere Einheit erhalten bleiben muss (vgl. Sedlmeier und Renkewitz 2018, S. 69 f.). Beim Bedeutsamkeitsproblem geht es darum, dass Berechnungen mit den Messwerten auch zu empirisch sinnvollen bzw. bedeutsamen Aussagen führen müssen (vgl. Sedlmeier und Renkewitz 2018, S. 70 f.).

Aus den verschiedenen Relationen, die zwischen den Ausprägungen eines Merkmals und zwischen den Zahlen bestehen, können wir schließen, dass es offenbar verschiedene 'Ebenen' solcher Relationen gibt, auf denen wir messen und dass manche Relationen mehr Informationen enthalten als andere. Wir nennen solche Ebenen Skalenniveaus. Dabei entspricht das „numerische Relativ (…), das aus einer homomorphen Abbildung resultiert" (Sedlmeier und Renkewitz 2018, S. 67) der Skala. Bühner und Ziegler (2017, S. 31) führen hier an, dass der Begriff – wie wir bereits zuvor bei anderen Begriffen gesehen haben – unterschiedlich verwendet werde, z. B. auch für die Zusammenfassung mehrerer Items wie beim reflektiven Messmodell (Kap. 1). Diese Verwendung unterscheidet sich dementsprechend vom Kontext der Skalenniveaus. Die Autor*innen sprechen hier von der „Definition einer Skala als Triple: ‚empirisches Relativ, numerisches Relativ, strukturtreue Abbildung'" (Bühner und Ziegler 2017, S. 31).

4.2 Skalenniveaus

▶ Wir befassen uns im Folgenden mit den fünf verschiedenen Skalenniveaus. Konstrukte, die in den Sozialwissenschaften erforscht und gemessen werden, entsprechen in der Regel den ersten drei Skalenniveaus, daher werden diese ausführlicher dargestellt. Wir schauen uns basierend auf den obigen Ausführungen zum empirischen und numerischen Relativ an, welche Kriterien Variablen auf dem jeweiligen Skalenniveau erfüllen müssen und verdeutlichen dies an verschiedenen Beispielen.

Wir drücken demnach die adäquaten Zuordnungen vom empirischen Relativ ins numerische Relativ durch unterschiedliche Niveaus aus, auf denen wir messen, welche wir als Skalenniveaus bezeichnen. Wir bewegen uns daher im

---

[3] Eine Transformation ist dann relevant, wenn es um die Standardisierung von Stichprobenverteilungen und/oder den Vergleich verschiedener Studien mit verschiedenen Stichprobenverteilungen geht.

numerischen Relativ. Insgesamt können wir auf fünf verschiedenen Skalenniveaus messen. Beginnend mit dem niedrigsten Niveau sind das die Nominalskala, Ordinalskala, Intervallskala, Verhältnisskala und die Absolutskala[4]. Dabei spielen das vierte und fünfte Niveau jedoch kaum eine Rolle (vgl. Kuckartz et al. 2013, S. 17). Je höher das Skalenniveau, desto mehr Informationen können uns die erhobenen Daten liefern (vgl. Sedlmeier und Renkewitz 2018, S. 71). Jedes höhere Skalenniveau enthält immer auch die Informationen der niedrigeren Skalenniveaus. Eine Ordinalskala enthält also die Informationen einer Nominalskala und zusätzlich noch ordinalskalierte Informationen. Das Skalenniveau bestimmt zudem, welche Berechnungen möglich bzw. sinnvoll sind (vgl. Bühner und Ziegler 2017, S. 32) – so ist z. B. für die Berechnung des Mittelwerts notwendig, dass auf Intervallskalenniveau gemessen wird, da nur diese Daten die notwendigen Informationen enthalten (nämlich den gleichen Abstand zwischen allen Werten), um einen Mittelwert zu berechnen. Die Berechnung eines Mittelwerts für beispielsweise das biologische Geschlecht (unabhängig von der Anzahl der Ausprägungen) ist nicht sinnvoll (vgl. Steiner und Benesch 2021, S. 97) – die Daten enthalten nicht die Informationen, die dazu nötig wären, demnach hätte eine solche Berechnung keinerlei Aussagewert: Was sollte denn auch der Durchschnitt des Merkmals Geschlecht sein?[5] Geschlecht lässt sich nicht in eine Rangordnung bringen, wir haben hier lediglich die zuvor genannte Äquivalenzrelation im empirischen Relativ und die Gleichheitsrelation im numerischen Relativ. Wir befinden uns hier auf dem ersten Skalenniveau. Wenn wir also von Skalenniveaus sprechen, dann befinden wir uns immer im numerischen Relativ.

4.2.1 Nominalskala

Nominalskalierte Daten enthalten, wie wir am Beispiel biologisches Geschlecht gerade erörtert haben, nicht viele Informationen. Die Nominalskala ist demnach die niedrigste Skala (vgl. Rasch et al. 2021, S. 8). Sie ermöglicht uns lediglich eine Unterscheidung zwischen gleichen und ungleichen Daten vorzunehmen. Zwischen den Merkmalsausprägungen besteht im empirischen Relativ folglich

---

[4] Die Absolutskala wird in manchen Lehrbüchern im Kontext von Skalenniveaus nicht aufgeführt (z. B. Kuckartz et al. 2013 und Rasch et a. 2021) und manchmal als Sonderform der Verhältnisskala bezeichnet.
[5] Bei Sedlmeier und Renkewitz (2018, S. 72) findet sich ein anschauliches Beispiel zur fälschlichen Berechnung eines Mittelwerts nominalskalierter Variablen.

nur eine Äquivalenzrelation (vgl. Bühner und Ziegler 2017, S. 32). Es lassen sich daher keine Unterschiede wie besser, höher oder weiter feststellen. Die Zuordnung der Zahlen im numerischen Relativ ist dementsprechend willkürlich (vgl. Sedlmeier und Renkewitz 2018, S. 71) – wie wir im obigen Beispiel mit den Haarfarben bereits gesehen haben. Ob wir den vier verschiedenen Haarfarben die Zahlen 1 bis 4 oder eben 5, 100, 30, 7 zuordnen, spielt keinerlei Rolle – das Entscheidende ist, dass unterschiedliche Merkmalsausprägungen auch unterschiedliche Zahlen erhalten. Rasch et al. (2021, S. 8) nennen dies die Exklusivität. Darüber hinaus führen sie das Kriterium der Exhausivität an, welches wir bereits in Abschn. 4.1 angeführt haben: Jede Merkmalsausprägung im empirischen Relativ erhält *eine* Zahl im numerischen Relativ (vgl. Rasch et al. 2021, S. 8).

Mit den im Beispiel unterschiedlichen Varianten der zugeordneten Zahlen haben wir bereits die Transformation von nominalskalierten Variablen angesprochen: „Es sind alle Transformationen strukturerhaltend, die die Gleichheit von Zahlen für Personen mit der gleichen Messwertausprägung sowie die Verschiedenheit von Zahlen für Personen mit unterschiedlicher Messwertausprägung gewährleisten" (Bühner und Ziegler 2017, S. 33). Diese Transformationen werden ein-eindeutige genannt (vgl. Sedlmeier und Renkewitz 2018, S. 71).

Damit, dass die Nominalskala die wenigsten Informationen von allen Skalenniveaus enthält, geht jedoch nicht einher, dass wir mit nominalskalierten Daten nicht rechnen können – wir können feststellen, wie häufig ein gemessener Wert vorkommt (vgl. Sedlmeier und Renkewitz 2018, S. 71 f.). Ebenso lassen sich beispielsweise bivariate Zusammenhänge mit Kontingenzanalysen oder multivariate Zusammenhänge mit loglinearen Analysen berechnen. Bei diesen Verfahren stellen nämlich jeweils die Häufigkeiten die Grundlage zur Berechnung dar (vgl. Sedlmeier und Renkewitz 2018, S. 71).

Beispiel

Beispiele für nominalskalierte Variablen sind: Haarfarbe, biologisches Geschlecht, Gemüsesorte, Art der Kleidungsstücke oder Art der technischen Geräten in einer Wohnung usw. Ein weiteres Beispiel ist das Merkmal Wohnort: Wir fragen fünf Personen nach ihrem Wohnort (empirisches Relativ). Zwei dieser fünf Personen antworten, dass sie in Frankfurt wohnen, eine Person nennt Mainz als Wohnort und die anderen beiden Personen geben jeweils Berlin an (wir sind immer noch im empirischen Relativ). Es wurden somit drei verschiedene Wohnorte genannt, von denen zwei Wohnorte für jeweils zwei Personen gleich sind. Zwischen den verschiedenen Wohnorten als Merkmalsausprägungen zeigen sich jedoch keine weiteren Relationen (wie die Ordnungsrelation) – Frankfurt als Wohnort ist nicht ‚natürlicherweise' besser als Mainz oder Berlin weniger als Mainz. Auch die Vorliebe für eine Stadt ändert nichts daran, dass sich die Städte als Ausprägungen des Merkmals Wohnort nicht in eine Rangfolge bringen lassen. Wenn wir nun, um zu messen, diesen Merkmalsausprägungen Zahlen zuordnen (numerisches Relativ), dann müssen die beiden Personen aus Frankfurt die gleiche Zahl erhalten, aber eine andere als die Person aus Mainz und die beiden Personen aus Berlin. Damit erhalten Frankfurt, Mainz und Berlin im numerischen Relativ jeweils *eine* Zahl. Wenn wir diese zugeordneten Zahlen transformieren wollen, müssen wir sicherstellen, dass anschließend ebenso jede Stadt *eine* Zahl erhält und die Personen aus Frankfurt und aus Berlin jeweils die gleichen Zahlen erhalten. ◄

4.2.2 Ordinalskala

Die Ordinalskala ist das nächsthöhere Skalenniveau. Ordinalskalierte Variablen erfüllen wie nominalskalierte die Kriterien der Exklusivität und der Exhausivität (vgl. Rasch et al. 2021, S. 8). Neben der Äquivalenzrelation im empirischen Relativ enthalten die Merkmalsausprägungen zusätzlich Informationen über die Rangfolge, d. h. wir haben hier zusätzlich eine Ordnungsrelation (vgl. Bühner und Ziegler 2017, S. 34). Wir können über solche Merkmale Aussagen treffen wie ‚Person A hat einen höheren allgemeinbildenden Abschluss als Person B'. Diese Rangfolge ergibt sich nicht durch unsere individuelle Reihung, sondern sie liegt ‚natürlicherweise' vor, d. h., die jeweiligen Merkmale bauen beispielsweise aufeinander auf wie bei allgemeinbildenden Abschlüssen oder sie folgen aufeinander wie bei einem Zieleinlauf beim Wettrennen. Diese Relationen müssen auch im numerischen Relativ abgebildet werden, d. h., zwischen den zugeordneten Zahlen müssen ebenfalls eine Gleichheitsrelation sowie eine Größer-Kleiner-Relation bestehen (vgl. Bühner und Ziegler 2017, S. 34). Auch ordinalskalierte Variablen lassen sich transformieren, dabei müssen die abgebildeten Relationen auch nach der Transformation erhalten bleiben: „Nach der Transformation müssen also den Personen mit höheren Messwertausprägungen immer noch höhere Zahlen zugeordnet werden und allen Personen mit identischer Messwertausprägung dieselben Messwerte" (Bühner und Ziegler 2017, S. 34). Solche Transformationen nennen sich monoton steigend (vgl. Sedlmeier und Renkewitz 2018, S. 73).

4.2 Skalenniveaus

> **Beispiel**
>
> Zieleinläufe, allgemeinbildende Abschlüsse, berufliche Abschlüsse und Platzierungen bei der WM sind Beispiele für ordinalskalierte Variablen. Ebenso ist das Merkmal Alter in Spannen ein Beispiel für die Messung: Wir legen vier Personen die Altersspannen 18–30 Jahre, 31–40 Jahre, 41–55 Jahre und 56–75 Jahre vor und bitten sie, die für sie zutreffende Altersspanne anzugeben (empirisches Relativ). Person eins und zwei ordnen sich in die erste Spanne ein, Person drei in die dritte und Person vier gibt die vierte Spanne an. Wir können hier einerseits feststellen, dass die Altersspannen unterschiedlich sind und gleichzeitig enthalten sie eine Reihenfolge – Personen in der zweiten Spanne sind älter als in der ersten und jünger als in der dritten und vierten Spanne. Ordnen wir diesen Ausprägungen nun Zahlen zu (numerisches Relativ) muss sich all das hier wiederfinden: Exklusivität, Exhausivität, die Gleichheitsrelation sowie die Größer-Kleiner-Relation. Wir können also der ersten Spanne die 1 zuordnen, der zweiten die 2, der dritten die 3 und der vierten die 4. Wir könnten aber auch eine 5, 15, 35 und 100 zuordnen – damit wären die Relationen genauso abgebildet. Wollen wir das Ganze transformieren, müssen wir ebenso sicherstellen, dass all das erhalten bleibt.
>
> Es kann gerade bei Rangplätzen zu Irritationen kommen – denn wie oben angeführt existieren zwischen den Zahlen an sich im numerischen Relativ mehr Relationen als nur die Gleichheits- oder die Größer-Kleiner-Relation. So impliziert die Platzierung bei einer Weltmeisterschaft im 100 m Lauf z. B. nicht nur eine Rangfolge, sondern auch die Gleichheit des Abstandes, denn immerhin ist der erste Platz vom zweiten Platz genauso weit entfernt wie der dritte vom vierten, der vierte vom fünften usw. Die in Zahlen ausgedrückte Platzierung täuscht aber darüber hinweg, dass eine erstplatzierte Sprinterin sich ein Kopf-an-Kopf-Rennen mit der Zweitplatzierten lieferte und nur wenige Zehntelsekunden schneller war, die Drittplatzierte jedoch erst einige Sekunden später ins Ziel lief. Relevant sind hier nur die Relationen zwischen den Merkmalsausprägungen im empirischen Relativ, nicht die Relationen, die zwischen den Zahlen an sich im numerischen Relativ existieren: Die Erstplatzierte war schneller im Ziel als die Zweitplatzierte. Diese Relationen müssen abgebildet werden, d. h. vom empirischen ins numerische Relativ. Dass dabei zwischen den Zahlen 1 und 2 oder 5 und 6 weitere Relationen im numerischen Relativ existieren, spielt keine Rolle. Relevant ist lediglich, welche Relationen zwischen den Merkmalsausprägungen existieren und abgebildet werden sollen. ◄

4.2.3 Intervallskala

Die Intervallskala ist für die Sozialwissenschaften die zentralste Skala (vgl. Rasch et al. 2021, S. 9). Sie enthält neben den Informationen, die die Nominalskala und die Ordinalskala enthalten, zusätzlich eine Information über die Abstände zwischen den Skalenpunkten, also zwischen den Zahlen im numerischen Relativ – diese müssen gleich groß sein (vgl. Rasch et al. 2021, S. 9). Dies wird auch Äquidistanz genannt (vgl. Rasch et al. 2021, S. 9). Dementsprechend müssen „gleich große Unterschiede zwischen Messwerten auch gleich große Unterschiede zwischen Merkmalsausprägungen anzeigen" (Sedlmeier und Renkewitz 2018, S. 74). Bei einer Transformation der zugeordneten Zahlen muss die Äquidistanz erhalten bleiben, diese Transformationen nennt man linear (vgl. Rasch et al. 2021, S. 9).

Auf die Schwierigkeit der Äquidistanz bei sozialwissenschaftlichen oder psychologischen Skalen sind wir bereits in Abschn. 2.2 eingegangen, wir gehen hier nochmal ergänzend darauf ein. Dass die Abstände gleich groß sind, ist in erster Linie eine Annahme (vgl. Bühner 2021, S. 58; Steiner und Benesch 2021, S. 27 f.). Nach Field (2014, S. 9) sind einige Skalen, die auf der subjektiven Einschätzung von Personen beruhen, ordinalskaliert – auch wenn sie meistens als intervallskaliert behandelt werden. Er führt hier das Beispiel der Bewertung des Gesangs bei der Show „The X Factor" an: Werde der Gesang auf einer Skala von 1 bis 10 bewertet, könne man zwar annehmen, dass eine höhere Zahl auch mit einem höheren Gesangstalent einhergehe, aber es lasse sich nicht formulieren, dass eine 10 bedeute, dass der Gesang 5-mal besser gewesen sei als bei der Bewertung mit einer 2[6] oder annehmen, dass die Vergabe der gleichen Zahl bedeute, dass die bewertenden Juror*innen den Gesang gleichermaßen talentiert einschätzen (vgl. Field 2014, S. 9). Ebenso seien Skalen, mit denen andere Personen eingeschätzt oder bewertet werden (Fremdeinschätzungen), eher ordinal- als intervallskaliert (vgl. Field 2014, S. 10). Auch Bühner (2021, S. 60, Herv. i. O.) führt hierzu ein sehr anschauliches Beispiel an: Stelle man Personen die Frage, wie oft sie im Monat ausgehen und bitte sie, dies auf einer Skala von *„nie – selten – manchmal – oft – sehr oft"* anzugeben und zusätzlich darunter die

---

[6]Wobei man hier anmerken muss, dass die Aussage '5 Mal besser' bei einer intervallskalierten Variable nicht zulässig wäre zu formulieren. Auch wenn man annehmen würde, dass die Bewertung des Gesangs intervallskaliert ist, wäre nur die Aussage 'Person A ist um 8 Punkte besser als Person B' möglich. Erst bei einer verhältnisskalierten Variable sind Aussagen wie '5 Mal besser' möglich – aufgrund des natürlichen Nullpunkts, zu dem wir noch kommen.

4.2 Skalenniveaus

jeweilige Zahl zu schreiben, die sie mit dem Skalenpunkt meinen, so ergeben sich vermutlich sehr große Unterschiede in der Vorstellung dessen, was beispielsweise oft ist. „So kann für eine Person zehnmal im Monat auszugehen *oft* bedeuten, für eine andere Person ist 20-mal im Monat auszugehen *oft*. Problematisch wird es, wenn für andere Personen zehnmal im Monat auszugehen ‚selten' bedeutet" (Bühner 2021, S. 60, Herv. i. O.). Dies lässt sich auch nicht automatisch lösen, indem man statt einer verbalen eine numerische Bezeichnung wählt, denn auch die Abstände zwischen Zahlen können unterschiedlich interpretiert werden (vgl. Steiner und Benesch 2021, S. 56).

Dennoch hat sich bei einigen Formulierungen empirisch gezeigt, dass hier gleich große Abstände angenommen werden können. Steiner und Benesch (2021, S. 57) führen hier bezugnehmend auf Rohrmann beispielsweise für eine fünfstufige Angabe von Häufigkeiten die Formulierungen „nie – selten – gelegentlich – oft – immer" und für die Angabe von Bewertungen „völlig falsch – ziemlich falsch – unentschieden – ziemlich richtig – völlig richtig" an. Den Autor*innen zufolge ermöglicht die verbale Bezeichnung, dass „die Bedeutung der Antwortstufen (…) für die Personen intersubjektiv vereinheitlicht wird" (Steiner und Benesch 2021, S. 57). Bühner (2021, S. 58) nennt diese Formulierungen zwar auch, empfiehlt jedoch die Formulierungen nur als „Anhaltspunkte für die Benennung der Antwortstufen" zu verwenden – einerseits aufgrund der „kleinen und nicht repräsentativen Stichprobe" als auch aufgrund des Alters der Studie von Rohrmann.

Der Aspekt der Äquidistanz stellt sich also grundsätzlich problematisch dar und in Hinblick auf deren Bedeutung gehen die Ansichten auch auseinander. Für das Problem gibt es letztlich keine Lösung – wichtig ist, um die Problematik zu wissen und darauf, soweit möglich, bei der Itemkonstruktion zu achten, ggfs. auch durch „die Kombination (…) der numerischen und verbalen Skalenbezeichnung" (vgl. Steiner und Benesch 2021, S. 57). Die Abstufungen müssen schließlich nicht unterschiedlich interpretiert werden, aber sie können uneinheitlich verstanden werden. Je präziser Skalenbezeichnungen vorgenommen werden, desto unmissverständlicher werden sie interpretiert.

Beispiel

Beispiele für eine Intervallskala finden wir oft in Fragebögen, wie beispielsweise bei der Variable ‚Mir ist es wichtig, dass mein*e Freund*in und ich uns einmal pro Woche persönlich treffen', die mit 5 Skalenpunkten (1 = stimme überhaupt nicht zu bis 5 = stimme voll und ganz zu) gemessen wird. Im empirischen Relativ nehmen wir demnach an, dass zwischen den Ausprägungen der Haltung, die Personen zu dieser Aussage haben, eine Unterscheidung sowie eine Rangfolge und zudem auch der gleiche Abstand möglich ist. Zwischen der Merkmalsausprägung ‚stimme überhaupt nicht zu' und ‚stimme nicht zu' liegt folglich der gleiche Abstand wie zwischen ‚stimme zu' und ‚stimme voll und ganz zu'. Dementsprechend müssen die Zahlen, die wir im numerischen Relativ diesen Ausprägungen zuordnen, auch genau diese Relationen (plus natürlich die Exklusivität und die Exhausivität) abbilden. Wir können den fünf Merkmalsausprägungen eine 1, 2, 3, 4 und 5 zuordnen oder aber auch eine 2, 4, 6, 8 und 10 – in der Regel verwenden wir bei diesem Beispiel 1–5. Wenn wir diese Werte transformieren, müssen alle Relationen enthalten bleiben.

Die Temperatur ist das Beispiel, das in der Regel in der Literatur angeführt wird. Die Temperatur messen wir in Europa in Grad Celsius, in den USA in Fahrenheit. Wir haben also unterschiedliche (Maß)Einheiten und zudem auch unterschiedliche Nullpunkte. Hinzu kommt, dass null Grad bei Grad Celsius keinen absoluten Nullpunkt darstellt (vgl. Rasch et al. 2021, S. 9). Wir können zwar die Aussage treffen, ‚gestern war es 3 Grad wärmer', aber wir können nicht sagen, ‚gestern war es doppelt so warm wie heute' (vgl. Rasch et al. 2021, S. 9). Dennoch wissen wir, wenn es gestern 25 Grad Celsius waren und es heute 22 Grad Celsius sind, dass die Temperaturen ungleich sind, 22 Grad Celsius kleiner als 25 Grad Celsius sind und wir wissen, dass der Abstand zwischen 22 und 23 Grad Celsius genauso groß ist wie der Abstand zwischen 23 und 24 Grad Celsius. ◄

4.2.4 Verhältnisskala und Absolutskala

Die Verhältnisskala ist in den Sozialwissenschaften weniger bedeutsam (vgl. Kuckartz et al. 2013, S. 16; Rasch et al. 2021, S. 10), in der Psychologie spielt sie selten eine Rolle (vgl. Sedlmeier und Renkewitz 2018, S. 76).

Die Verhältnisskala zeichnet sich dadurch aus, dass sie zusätzlich zu den Kriterien, die die bisherigen Niveaus erfüllen (Exklusivität, Exhausivität, Gleichheitsrelation, Größer-Kleiner-Relation, Äquidistanz) einen natürlichen Nullpunkt hat (vgl. Rasch et al. 2021, S. 10). Dieser „ist dort lokalisiert, wo die Variable aufhört zu existieren" (Rasch et al. 2021, S. 10). Dementsprechend können die Skalenpunkte in ein Verhältnis zueinander gebracht werden (vgl. Bühner und Ziegler 2017, S. 36), sodass Aussagen im numerischen Relativ möglich sind wie ‚Person A ist doppelt so alt wie Person B' oder ‚Person C verdient halb so viel im Monat wie Person D'. Eine Transformation, bei der diese Verhältnisse erhalten bleiben, kann durch die Multiplikation mit einer positiven Konstanten erfolgen (vgl. Bühner und

4.2 Skalenniveaus

Ziegler 2017, S. 36). Beispiele für verhältnisskalierte Variablen sind das Körpergewicht, die Körpergröße, das Monatseinkommen oder das Alter in Jahren (vgl. Bühner und Ziegler 2017, S. 36; Sedlmeier und Renkewitz 2018, S. 75 f.; Steiner und Benesch 2021, S. 28). Wir müssen hierbei keine eigenständigen Zuordnungen im numerischen Relativ vornehmen – eine festgelegte Maßeinheit existiert hier zwar nicht, aber ein natürlicher Nullpunkt. Damit ist gemeint, dass der Wert 0 der niedrigste Wert für eine Merkmalsausprägung darstellt, es daher keine negativen Werte geben kann. Anders als bei der Temperatur in Celsius, die Minusgrade, d. h. Werte unter null annehmen kann, ist dies bei der Temperatur in Calvin nicht möglich, da 0 Calvin die niedrigste mögliche Temperatur ist. Das Körpergewicht kann in Kilogramm oder Gramm angegeben werden, die Körpergröße in Meter oder Zentimeter, das Monatseinkommen in Euro oder Cent, das Alter in Jahren oder Monaten. Die Einheiten lassen sich also transformieren.

Absolutskalierte Variablen enthalten zusätzlich zu den Informationen, die verhältnisskalierte Daten enthalten, eine natürliche Einheit. Eine solche Einheit (inklusive des Nullpunkts) existiert natürlicherweise (vgl. Steiner und Benesch 2021, S. 37), sie ist unteilbar. Dementsprechend sind „keine Transformationen zulässig" (Sedlmeier und Renkewitz 2018, S. 77). Beispiele für Absolutskalen beziehen sich auf Häufigkeiten: „Die Häufigkeit, mit der sich ein Schulkind am Unterricht beteiligt, die Häufigkeit des Blickkontakts zwischen frisch Verliebten, die Anzahl der gerauchten Zigaretten oder auch die Zahl der Mitglieder einer Gruppe." (Sedlmeier und Renkewitz 2018, S. 77) Die Anzahl der Kinder, die eine Person hat, wäre ein weiteres Beispiel. Die Einheit ist insofern natürlich und damit nicht transformierbar, weil man die Anzahl der Kinder eben nur in der Anzahl der Kinder messen kann.

▶ Tipp: Um festzustellen, welches Skalenniveau eine Variable hat, hat sich im Seminar bewährt, die Skalenniveaus nacheinander durchzugehen – immer mit der Frage: Kann die Variable die entsprechende Information liefern? So ist die erste zu beantwortende Frage ‚Gleich/ungleich?'. Kann die erste Frage mit ja beantwortet werden, lautet die zweite Frage ‚Größer/kleiner?'. Bei einer positiven Beantwortung, wäre die dritte Frage ‚Gleicher Abstand?' zu beantworten, anschließend ‚Natürlicher Nullpunkt?' und ‚Natürliche Einheit?'. Wir bewegen uns folglich mit jeder Frage ein Skalenniveau höher – beginnend bei der Nominalskala, endend mit der Absolutskala. Wird eine Frage verneint, so enthält die Variable nur die Informationen des vorherigen Niveaus – kann z. B. bei der Variable Augenfarbe mit den Ausprägungen 1 = braun, 2 = blau und 3 = grün die Frage ‚Größer/kleiner?' nicht bejaht werden, ist die Variable nominalskaliert.

4.3 Skalenformen

▶ Wir schauen uns im Folgenden an, wie Items zusammengefasst werden bzw. wie Skalen gebildet werden können. Dabei gehen wir auf die Likert-Skala, die Guttman-Skala und die Thurstone-Skala ein. Sie unterscheiden sich darin, wie die jeweiligen Items zu einer Skala zusammengefügt werden und wie sich der Skalenwert für eine Person berechnet bzw. was dieser ausdrückt. Da die Likert-Skala die am häufigsten vorkommende Skalenform in den Sozialwissenschaften darstellt, konzentrieren wir uns auf diese.

Nach Döring und Bortz (2016, S. 222) können Konstrukte sowohl über Einzelindikatoren als auch über Skalen und Indizes gemessen werden. Komplexe theoretische Konzepte werden meist „durch eine Zusammenfassung mehrerer Indikatoren erfasst, nämlich über sog. psychometrische Skalen und Indizes". Wir haben dies bereits in Kap. 1 bei der Definition nach Döring und Bortz (2016, S. 229 f.) angeführt: Skalen liegt ein reflektives Messmodell zugrunde, d. h. wir gehen hier davon aus, dass die Skalen Wirkungen des Konstrukts darstellen. Wir befassen uns im Folgenden damit, wie diese Skalen (als Zusammenfassungen von Items) erstellt werden können. In einigen (gängigen) Quellen werden die verschiedenen Skalenformen oder Skalierungsverfahren nicht thematisiert.[7] Kromrey et al. (2016, S. 239) benennen als zentrale Skalierungsverfahren die Thurstone-Skala, die Guttman-Skala und die Likert-Skala.[8] Hauptsächlich werde die Likert-Skala verwendet (vgl. Kromrey et al. 2016, S. 239).

Streng genommen gehört in unserem Verständnis jedoch nicht die gesamte Konstruktion in die Operationalisierung. Ab der Erhebung von Daten (Pretest) befinden wir uns im Bereich der Testkonstruktion. Beispielsweise gehören von den im Folgenden geschilderten fünf Schritten zur Konstruktion einer Likert-Skala nur der erste und der zweite in die Operationalisierung, da wir uns hier noch in der Itemkonstruktion befinden.

---

[7] Micheel (2010, S. 51) schreibt hierzu: „In der Praxis der empirischen Sozialforschung spielen diese Verfahren eigentlich keine Rolle mehr. Den breiten Raum, den sie noch immer in vielen sozialwissenschaftlichen Lehrbüchern einnehmen, kann man als empirische Romantik bezeichnen."

[8] Nach Kuckartz et al. (2013, S. 243) bezugnehmend auf Schnell et al. werden Verfahren wie die Thurstone-Skala, die Rasch-Skalierung oder das Magnitude-Verfahren kaum verwendet, dies gelte ebenso für die schwer zu konstruierende Guttman-Skala .

4.3.1 Likert-Skala

Die Likert-Skala dient dazu, Meinungen, Einstellungen und Haltungen zu etwas auf einer fünfstufigen Ratingskala auf Intervallskalenniveau zu messen (vgl. Kromrey et al. 2016, S. 239). Kuckartz et al. (2013, S. 244 ff.) beschreiben fünf Schritte für die Konstruktion einer Likert-Skala: die Sammlung infrage kommender Items, die Formulierung invertierter Items, einen Pretest, die Reliabilitäts- und Itemanalyse, die Bildung der Gesamtskala sowie die Berechnung der Skalenwerte für jede Person. Zunächst ist es also erforderlich, eine recht große Menge an Items zu sammeln, welche sich aus der Literatur, bestehenden Instrumenten und eigenen Konstruktionen zusammensetzen können (vgl. Häder 2019, S. 101; Kuckartz et al. 2013, S. 244). Häder (2019, S. 101) empfiehlt etwa 4-mal so viele Items zu konstruieren, wie letztendlich in die finale Skala eingehen sollen. Wir finden sowohl bei Döring und Bortz (2016, S. 269), Kromrey et al. (2016, S. 239) als auch bei Häder (2019, S. 101) die Angabe von mindestens 100 verschiedenen Items, jedoch mit unterschiedlichen Ausgangspunkten. Häder (2019, S. 101) bezieht diese Angabe auf die Dimensionen insgesamt: „Zu den Dimensionen erfolgt nun eine Sammlung von (mitunter bis zu 100 und mehr) Aussagen." Bei Döring und Bortz (2016, S. 269 f.) sowie bei Kromrey et al. (2016, S. 239) findet sich die Angabe von 100 Items für die Konstruktion einer (eindimensionalen) Likert-Skala, bei der in die finale Skala 10–20 Items eingehen. Hier wird dementsprechend die 5-10-fache Menge an Items formuliert. Wir empfehlen, die Entscheidung über die Anzahl an Itemformulierung von der Komplexität des Konstrukts abhängig zu machen. Liegt der Verdacht nahe, dass es sich bei dem zu messenden Konstrukt um eines handelt, das ggfs. mehrere Dimensionen beinhaltet und viele Indikatoren benötigt, um es vollständig abzubilden, sollten mehr Items formuliert werden als bei eindimensionalen Konstrukten, die weniger komplex erscheinen. Je weniger komplex ein Konstrukt ist, desto schwerer würde es uns fallen, viele Items zu denselben theoretischen Merkmalen zu formulieren, ohne sich zu wiederholen. Eine Likert-Skala kann sowohl eindimensional als auch mehrdimensional sein (vgl. Döring und Bortz 2016, S. 269) und dementsprechend sowohl für eindimensionale Konstrukte als auch für mehrdimensionale Konstrukte konstruiert werden. Bevor die Items einem Pretest unterzogen werden, müssen nach Kuckartz et al. (2013, S. 245) ca. 25–33 % der Items umgepolt bzw. „gegenläufig zur Skala" formuliert werden, um zu verhindern, dass Personen Items generell unabhängig von deren Inhalt zustimmen. Anschließend werden die Items einem Pretest unterzogen. Für die Konstruktion einer Likert-Skala spielt die Reliabilitätsanalyse bzw. Itemanalyse eine zentrale Rolle (vgl. Kuckartz et al. 2013,

S. 246). Hier werden Cronbachs Alpha, die Inter-Item-Korrelationen, die Trennschärfewerte sowie die Schwierigkeit der Items interpretiert.[9] Häder folgend ist Cronbachs Alpha alleine jedoch nicht ausreichend, um die Dimensionalisierung zu überprüfen. Eine Faktorenanalyse müsse hier anschließend erfolgen sowie dann eine weitere Reliabilitätsanalyse (vgl. Häder 2019, S. 104). Kuckartz et al. (2013, S. 246; siehe auch Döring und Bortz 2016, S. 467) schlagen vor, die Faktorenanalyse vor der Reliabilitätsanalyse durchzuführen. Bei der Faktorenanalyse geht es darum, Strukturen aufzudecken, die dem Variablenset zugrunde liegen. Zunächst müssen demnach nicht passende Variablen entfernt, damit anschließend Faktoren extrahiert werden können (vgl. Backhaus et al. 2021, S. 414 ff.).[10] Im letzten Schritt der Konstruktion einer Likert-Skala werden Skalenwerte berechnet – entweder werden die jeweiligen Skalenwerte einer Person aufaddiert, sodass der jeweilige Skalenwert einer Person der Summe aller Items entspricht oder diese addierten Werte können durch die Anzahl der Items geteilt werden, um den Mittelwert zu bilden (vgl. Kuckartz et al. 2013, S. 249 u. S. 251). Der Summenwert lässt sich auch für jeden Faktor separat berechnen (vgl. Döring und Bortz 2016, S. 272). Durch die Berechnung der Skalenwerte lässt sich ermitteln, wie sich diese über den Wertebereich der Items hinweg verteilen (vgl. Kuckartz et al. 2013, S. 249 f.). Der Wertebereich berechnet sich, indem die Anzahl der Items mit dem niedrigsten sowie dem höchsten Skalenpunkt multipliziert werden – so ergibt sich die Spannweite der vorkommenden Werte (vgl. Kuckartz et al. 2013, S. 249).

> **Beispiel**
>
> Wir wollen eine Likert-Skala für einen Fragebogen zum Konstrukt Freundschaft konstruieren. Wir sammeln zunächst einige Items, die wir größtenteils selbst konstruieren, aber auch aus der Literatur entnehmen. Auf diese Weise haben wir nun insgesamt 100 Items mit einer fünfstufigen Ratingskala (1 = stimme überhaupt nicht zu bis 5 = stimme voll und ganz zu), von denen wir 25 umformulieren, sodass sie invertiert sind, z. B. ändern wir das Item ‚Ich vertraue meinen Freund*innen Geheimnisse an' in ‚Ich erzähle meinen Freund*innen nichts Persönliches von mir'. Anschließend lassen wir diese

---

[9] Für eine ausführliche Beschreibung der Reliabilitäts- und Itemanalyse siehe Kuckartz et al. (2013, S. 246 ff.), für eine ausführliche Beschreibung der Faktorenanalyse siehe Backhaus et al. (2021, S. 414 ff.).
[10] Diese Reihenfolge hat sich auch in unseren Seminaren bewährt.

Items, um sie einem Pretest zu unterziehen, online uns bekannten Personen zukommen und bitten diese wiederum um dessen Verbreitung (nicht zufallsgesteuerte Stichprobe: Schneeballauswahl). So erreichen wir 110 Personen, die unsere Items bearbeiten. Anschließend unterziehen wir die Items einer Analyse. Zunächst berechnen wir eine Faktorenanalyse (in Kap. 7 wird dieses Verfahren genauer erläutert). So können wir das Variablenset von 100 auf 60 inhaltlich zusammenpassende bzw. hoch miteinander korrelierende Variablen (multivariat, mit einem KMO von .926) reduzieren. Aufgrund der Eignung des nun vorliegenden Variablensets können wir vier Faktoren extrahieren. Die Faktoren (Faktor 1: 19 Variablen, Faktor 2: 16 Variablen, Faktor 3: 13 Variablen, Faktor 4: 12 Variablen) benennen wir anschließend aufgrund der inhaltlichen Ausrichtung der Items, die auf den jeweiligen Faktor laden, mit Nähe, Vertrauen, Freiwilligkeit und Konflikt. Anschließend unterziehen wir die Faktoren einzeln einer Reliabilitäts- und Itemanalyse. Alle Faktoren erreichen ein Cronbachs Alpha von über .8, die Inter-Item-Korrelationen (bivariat) sind nicht bei allen Variablen durchweg hoch, teilweise finden wir nur mittlere Korrelationen, die Trennschärfewerte liegen alle über .5, die Schwierigkeit der Items lag zwischen 1,6 und 4,5. Wir stellen demnach fest, dass die Faktoren genau messen und die Items die Faktoren abbilden. Im letzten Schritt berechnen wir nun für die 110 Personen einen Skalenwert für jeden Faktor, indem wir die einzelnen Werte der Items addieren. Wir entscheiden uns somit für den Summenwert als Skalenwert. Diese Skalenwerte können wir nun auf unseren Wertebereich (60–300) insgesamt beziehen und stellen hier fest, dass der Bereich zwischen 60 und 70 kaum vorkommt, d. h., dass die 110 Personen unseren Aussagen kaum überhaupt nicht zustimmen konnten. ◄

4.3.2 Guttman-Skala und Thurstone-Skala

Im Gegensatz zur Likert-Skala wird bei der Guttman-Skala[11] dichotom gemessen, d. h. mit nur zwei Ausprägungen (vgl. Häder 2019, S. 107). Dies kann entweder im Nachhinein erfolgen, sodass eine mehrstufige Skala hinterher dichotomisiert wird und damit nachträglich ein niedrigeres Skalenniveau erhält. Die Antworten werden dann nach dem höchsten Skalenpunkt (5 = stimme voll und ganz zu) und allen anderen Skalenpunkten dichotomisiert (vgl. Häder 2019, S. 107). Ebenso

---

[11] Ebenso wird der Begriff Skalogrammanalyse verwendet (vgl. Kromrey et al. 2016, S. 239; Döring und Bortz 2016, S. 272).

kann direkt dichotom gemessen werden, d. h. entweder kann man einer Aussage zustimmen oder nicht (vgl. Kromrey et al. 2016, S. 239). Anschließend werden die Items in eine Reihenfolge gebracht – die Annahme ist hier, dass die Items eindimensional messen (vgl. Häder 2019, S. 107) – beginnend mit der inhaltlich einfachsten, am wenigsten komplexen Aussage hin zur inhaltlich komplexesten Aussage. Kromrey et al. (2016, S. 240) führen hierzu ein anschauliches Beispiel ein, indem sie vier Aussagen anführen, die sich inhaltlich hinsichtlich des Engagements der befragten Person steigern: „(1) Ich werde zur Wahl gehen [ja/nein] – (2) Ich werde Geld für den Wahlkampf einer Partei spenden [ja/nein] – (3) Ich werde im Wahlkampf aktiv für eine Partei werben [ja/nein] – (4) Ich werde selbst für ein Mandat kandidieren [ja/nein]." Hieraus wird aber auch die Schwierigkeit ersichtlich: Die Items müssen sich inhaltlich steigern lassen und zwar so, dass diese „die für *alle* Befragten eine schrittweise Steigerung bedeuten" (Kromrey et al. 2016, S. 240, Herv. i. O.; Döring und Bortz 2016, S. 272). Im Gegensatz zum Skalenwert der Likert-Skala, bei dem die gewählten Skalenpunkte addiert werden und/oder der Mittelwert gebildet wird, entspricht der Skalenwert einer Person bei der Guttman-Skala dem höchsten zugestimmten Item (vgl. Kromrey et al. 2016, S. 240). Der Skalenwert einer Person entspricht einem Umschlagpunkt, ab diesem Punkt wird keinem Item mehr zugestimmt (vgl. Häder 2019, S. 107). Aber allen vorherigen Items wurde zugestimmt (vgl. Döring und Bortz 2016, S. 273).[12] Entscheidend bei der Guttman-Skala ist, dass sich die Ausprägung einer Person in Bezug auf das Konstrukt nicht numerisch aus der Beantwortung aller Items zusammensetzt, sondern aus der inhaltlichen Ausrichtung der Items (vgl. Kromrey et al. 2016, S. 240). Je höher also der Skalenwert, desto höher die Anzahl an zugestimmten Items und desto höher ist Ausprägung der Person auf dem Merkmal (vgl. Döring und Bortz 2016, S. 272 u. 274).

Auch bei der Thurstone-Skala werden Personen dichotome Items vorgelegt, denen sie zustimmen oder die sie ablehnen können. Zuvor wurden diese Items jedoch von „Eichpersonen" (Häder 2019, S. 108) auf einer elfstufigen Skala bewertet. Die Eichpersonen fungieren hier als Expert*innen (vgl. Häder 2019, S. 108).[13] Sie bewerten hier die gesammelten Items im Hinblick auf die

---

[12] Auch bei Döring und Bortz (2016, S. 273) findet sich ein sehr anschauliches Beispiel zu vorehelicher Sexualität.

[13] Kromrey et al. (2016, S. 240) sprechen hier von Personen, die *als Expert*innen* fungieren, sondern von Expert*innen, die diese Gewichtung vornehmen. Auch Döring und Bortz (2016, S. 274) sprechen hier von „Expertenratings …, die den Grad der Merkmalsausprägung des Items repräsentieren sollen".

Zustimmung oder Ablehnung. Kromrey et al. (2016, S. 240) nennen hier als Beispiel -5 bis +5. Die Bewertung ist jedoch unabhängig von persönlicher Zustimmung, sondern inwieweit dies auf die Merkmalsausprägung zutrifft (vgl. Döring und Bortz 2016, S. 275). Durch die Bewertung der Items lässt sich feststellen, ob für jeden der „elf Skalenwerte Aussagen im Itempool vorhanden sind" und ob „Skalenpunkte durch mehrere Aussagen abgedeckt werden" (Häder 2019, S. 108). Zudem gelten die Aussagen als eindeutig formuliert, die wenig Varianz in der Bewertung aufweisen (vgl. Häder 2019, S. 108). Der endgültige Skalenwert je Item entspricht der „durchschnittliche[n] Itemeinstufung durch alle Experten" (Döring und Bortz 2016, S. 275). Der Skalenwert einer Person setzt sich zusammen aus der Summe der ursprünglichen Skalenpunkte der elfstufigen Skala, die von den Expert*innen bewertet wurden (vgl. Häder 2019, S. 108; Döring und Bortz 2016, S. 274).

Eine andere Möglichkeit, Items zusammenzufassen, besteht in der Indexbildung, die wir an gleicher Stelle in Kap. 1 in Bezug auf ein formatives Messmodell angesprochen haben. Bei der Indexbildung werden anhand der erhobenen Daten Indikatoren zusammengefasst, die auf ein zuvor spezifiziertes Konzept hindeuten, sie fungieren hierbei als Ursachen für das Konzept (vgl. Döring und Bortz 2016, S. 230). Die Indikatoren können auf zwei Arten zusammengefasst werden – additiv und multiplikativ. Eine additive Zusammenfassung kann entweder darin bestehen, dass die jeweils angekreuzten Skalenpunkte der einzelnen Indikatoren addiert werden oder darin, dass der Mittelwert aus den Skalenpunkten gebildet wird (vgl. Tausendpfund 2018, S. 134). Wird ein Index multiplikativ gebildet, werden die angekreuzten Skalenpunkte der jeweiligen Indikatoren miteinander multipliziert (vgl. Tausendpfund 2018, S. 134). Nach Tausendpfund (2018, S. 137) kann durch die Indexbildung „der ‚wahre' Wert eines Konzepts zuverlässiger abgebildet werden"[14]. Wir werden in Kap. 6 nochmal näher darauf eingehen.

Fazit

Wir haben uns in diesem Kapitel mit dem vierten Schritt unseres Verständnisses der Operationalisierung beschäftigt und diskutiert, wie wir Items messen können. Dazu müssen wir die Beziehungen, die zwischen den Ausprägungen eines Merkmals im empirischen Relativ bestehen, in das numerische Relativ (in Zahlen) übersetzen. Diese Beziehungen beschreiben unterschiedliche Sachverhalte bzw. Eigenschaften der Merkmalsausprägungen, z. B. ob etwas gleich

---

[14] Diesen Aspekt haben wir bei vorherigen Autor*innen auch in Bezug auf die Dimensionierung während der Konzeptspezifikation gesehen.

oder ungleich ist. Aufgrund dieser verschiedenen Charakteristika der Merkmalsausprägungen können die Merkmale mehr oder weniger Informationen liefern. Entsprechend der Informationen, die diese enthalten, werden sie auf unterschiedlichen Niveaus (Skalenniveaus) gemessen. Je mehr Informationen ein Merkmal enthält, desto höher ist das Skalenniveau. Wir haben hier fünf verschiedene Skalenniveaus erläutert: die Nominal-, Ordinal-, Intervall-, Verhältnis- und Absolutskala, wovon die Intervallskala am häufigsten verwendet wird. Anschließend haben wir uns angeschaut, wie Items zu Skalen zusammengefasst werden. Von den drei angeführten Skalenformen (Likert, Guttman, Thurstone) spielt vorrangig die Likert-Skala in den Sozialwissenschaften eine Rolle. Um eine solche zu bilden, sind mehrere Schritte notwendig: Itemsammlung, Umformulierung, Pretest, Reliabilitäts- und Itemanalyse sowie Berechnung der Skalenwerte.

> **Fragen zur Reflexion**
> - Was ist das empirische Relativ und was das numerische?
> - Überlegen Sie sich ein Merkmal, das Sie messen, also vom empirischen ins numerische Relativ übertragen.
> - Welche Charakteristika erfüllt die Intervallskala?
> - Wie lassen sich die einzelnen Skalenniveaus unterscheiden?
> - Welche Möglichkeiten der Skalenbildung gibt es? Welche wird am häufigsten verwendet?

Literatur

Verwendete Literatur

Backhaus, K., Erichson, B., Gensler, S., Weiber, R., & Weiber, T. (2021). *Multivariate Analysemethoden. Eine anwendungsorientierte Einführung*. 16. voll. überarb. u. erw. Aufl.. Wiesbaden: Springer.

Bühner, Markus (2021). *Einführung in die Test- und Fragebogenkonstruktion*. 4. korr. u. erw. Aufl.. München: Pearson.

Bühner, M., & Ziegler, M. (2017). *Statistik für Psychologen und Sozialwissenschaftler*. 2., aktual. u. erw. Aufl.. Hallbergmoos: Pearson.

Döring, N., & Bortz, J. (2016). *Forschungsmethoden und Evaluation in den Sozial- und Humanwissenschaften*. 5., vollst. überarb., aktual. u. erw. Aufl.. Berlin & Heidelberg: Springer.

Field, A. (2014). *Discovering Statistics Using IBM SPSS Statistics*. 4th ed.. Los Angeles u.a.: Sage.

Häder, M. (2019). *Empirische Sozialforschung. Eine Einführung*. 4. Aufl.. Wiesbaden: VS.

Kromrey, H., Roose, J., & Strübing, J. (2016). *Empirische Sozialforschung. Modelle und Methoden der standardisierten Datenerhebung und Datenauswertung mit Annotationen aus qualitativ-interpretativer Perspektive*. 13., völlig überarb. Aufl.. Konstanz & München: UVK.

Kuckartz, U., Rädiker, S., Ebert, T., & Schehl, J. (2013). *Statistik. Eine verständliche Einführung*. 2., überarb. Aufl.. Wiesbaden: VS.

Micheel, H.-G. (2010). *Quantitative empirische Sozialforschung*. München: Reinhardt.

Rasch, B., Friese, M., Hofmann, W., & Naumann, E. (2021). *Quantitative Methoden 1. Einführung in die Statistik für Psychologie, Sozial- & Erziehungswissenschaften*, 5., überarb. Aufl.. Berlin: Springer.

Sedlmeier, P., & Renkewitz, F. (2018). *Forschungsmethoden und Statistik für Psychologen und Sozialwissenschaftler*. 3., aktual. u. erw. Aufl.. Hallbergmoos: Pearson.

Steiner, E., & Benesch, M. (2021). *Der Fragebogen. Von der Forschungsidee zur SPSS-Auswertung*. 6., aktual. u. überarb. Aufl.. Wien: facultas.

Tausendpfund, M. (2018). *Quantitative Methoden in der Politikwissenschaft. Eine Einführung*. Wiesbaden: VS.

Weiterführende Literatur

Schnell, R., Hill, P. B., & Esser, E. (2018). *Methoden der empirischen Sozialforschung*. 11., überarb. Aufl.. Oldenbourg: De Gruyter.

5 Vorschläge für Operationalisierungsregeln

> **Zusammenfassung**
>
> In diesem Kapitel werden Regeln für den Operationalisierungsprozess und insbesondere für die Itemkonstruktion benannt und hinsichtlich ihrer Berechtigung diskutiert. Die Anwendung dieser Regeln erhöht die Qualität der Indikatoren und versucht möglichst vollständig systematische Verzerrungen zu verhindern, die durch Präzision, Vollständigkeit, Eindeutigkeit, Einfachheit und die Sensibilisierung für Suggestionen und andere Quellen der Verzerrungen erlangt wird.

Einige der zu beachtenden Aspekte haben wir bereits in den vorangegangenen Kapiteln aufgegriffen – wir systematisieren diese im Folgenden anhand unserer Definition einer Operationalisierung und formulieren aus unserer Sicht notwendige Regeln für alle Schritte. Dabei führen wir manche hier zwar an, verdeutlichen diese aber erst im beispielhaften Ablauf in Kap. 6, andere formulieren wir bereits ausführlicher.

5.1 Konzeptspezifikation bis Dimensionalisierung

Dass die Konzeptspezifikation ein interpretativer Prozess ist, haben wir in Kap. 3 aufgezeigt. Eine daraus ableitbare Forderung lautet, dass die Konzeptspezifikation gewissenhaft, sorgfältig und möglichst gut dokumentiert durchgeführt werden sollte. Für diesen Prozess sollte genügend Zeit eingeplant werden, da sie das inhaltliche Fundament für den gesamten Operationalisierungsprozess darstellt. Durch schriftliche Protokollierungen können Redundanzen im Prozess vermieden und die Überprüfbarkeit und Nachvollziehbarkeit gewährleistet werden.

Zur gewissenhaften Dokumentierung gehört auch die wissenschaftliche Quellenrecherche. Es ist ratsam, nicht bei einer oder zwei Quellen zu verbleiben, sondern tiefgehender zu recherchieren, unterschiedliche Begriffsdiskussionen nachzuvollziehen und möglichst umfangreich Literatur heranzuziehen. Die Auswahl von Quellen sollte möglichst unvoreingenommen geschehen, d. h., dass sich in der Literatursuche nicht bereits die eigenen Vorannahmen über das zu operationalisierende Konstrukt abbilden und eine Vorselektion stattfindet. Alle Quellen sollten außerdem auf ihre Eignung geprüft werden. Stellen Sie sich dabei die Fragen:

- Dient die Quelle dazu, das Konstrukt zu erklären oder zu spezifizieren?
- Sind diese Erklärungen und Spezifikationen empirisch oder argumentativ logisch gestützt oder spekulativ?
- Bezieht sich die Quelle dabei auf andere Quellen und welche sind das?

Wie in Kap. 1 erläutert, müssen die Quellen für die Ideen- und Materialsammlung systematisiert werden. Dabei ist darauf zu achten, dass die ausgewählten Informationen literaturbasiert sind oder zumindest eine Verknüpfung zwischen Literatur und weiterem Material darstellen.

Die Auswahl der Dimensionierung und die Bezeichnung der Dimensionen sollte sich auf literaturbasierte Kriterien stützen und immer begründet werden, beispielsweise durch in der Literatur besonders relevante Aspekte, die sich mit einer spezifischen theoretischen Perspektive erklären lassen oder durch eine besondere Relevanz für die ausgewählte Altersgruppe. Darüber hinaus können Dimensionen auch diskursiv im Austausch mit anderen Forscher*innen ausgewählt werden. Der Diskurs mit Kolleg*innen sollte als fester Bestandteil des Operationalisierungsprozesses angesehen werden, um den in Kap. 3 angesprochenen interpretativen Einflüssen möglichst kontrolliert begegnen zu können. Darüber hinaus sollte auch die Definition der Dimensionen literaturbasiert erfolgen und nicht etwa geleitet werden durch eigene Interpretationen oder Assoziationen. Zudem muss bei den Dimensionen darauf geachtet werden, dass diese tatsächlich das Konstrukt beschreiben und nicht nur in Zusammenhang mit dem Konstrukt stehen oder aus dem Konstrukt folgen. Die Definition sollte (auch im Hinblick auf die Itemkonstruktion) ausführlich, vollständig und eindeutig sein. In Abhängigkeit der Anzahl der zu konstruierenden Items pro Dimension sollte eine gewisse Anzahl an Aspekten zur Definition angeführt werden – aus einem Aspekt lassen sich dann ca. 2–6 Aussagen konstruieren.

In Kap. 1 wurde auch darauf hingewiesen, dass für jede der definierten Dimensionen eine Nominaldefinition formuliert werden solle. Auch diese müssen eindeutig sein und sich dadurch auch trennscharf von den anderen Dimensionen unterscheiden, damit es zu keinen inhaltlichen Überschneidungen kommt, außer der Zugehörigkeit zu dem zu messenden Konstrukt.

5.2 Festlegung von Indikatoren und des Messinstruments

In der Erläuterung unseres Verständnisses des Operationalisierungsprozesses (s. Kap. 1) gingen wir darauf ein, dass die Wahl der Indikatoren und des Messinstrumentes eine bewusste Entscheidung ist, die getroffen werden muss, die in der Regel darauf basiert, dass wir eine Annahme darüber treffen, welche Messart am besten geeignet ist. Diese Annahmen beruhen auf anderen Forschungsarbeiten, methodologischen Überlegungen und konsequent zu Ende gedacht sogar auf unserem Wahrheitsbegriff sowie wissenschaftstheoretischen Vorannahmen (s. Kap. 2). Darüber hinaus spielen forschungspraktische Erwägungen eine Rolle (vgl. Döring und Bortz 2016, S. 228). Damit ist gemeint, dass die Durchführung von Forschungsvorhaben immer auch von den zur Verfügung stehenden Ressourcen, zeitlich befristeten Finanzierungen sowie von technischen und personellen Ausstattungen abhängen. Knorr-Cetina spricht in diesem Zusammenhang von der „Entscheidungsgeladenheit der Wissensfabrikation" (Knorr-Cetina 2016, S. 25) sowie von einer „opportunistischen Rationalität" (Knorr-Cetina 2016, S. 63) im Forschungsdenken. So kann es durchaus sein, dass aus rein pragmatischen Gründen ein eigentliches Forschungsvorhaben abgeändert werden muss, weil z. B. anders als geplant nicht mehr die Ressourcen zur Verfügung stehen, mit der eine bestimmte Datenerhebungsform durchführbar ist. Das wiederum hätte zur Konsequenz, dass die Indikatoren anders festgelegt werden müssen. Im Operationalisierungsprozess lässt sich allerdings nur sehr schwer mittendrin etwas nachträglich ändern. Aus diesem Grund halten wir Transparenz für besonders wichtig, da dadurch Entscheidungen bei der Festlegung von Indikatoren und dem Messinstrument nicht willkürlich erscheinen und andere Forscher*innen auch aus den eigenen Erfahrungen lernen können. Beispielsweise ist die Validierung eines Messinstruments mit 100 Items deutlich komplexer als die eines Messinstruments mit nur 20 Items. Obwohl mit mehr Items eine höhere Differenzierung einher gehen würde, müssen Sie sich im Vorfeld darüber im Klaren sein, was Sie überhaupt unter Ihren Forschungsbedingungen erreichen können. Von vornherein sollten Sie als Forscher*in mit einem realistischen Mindset Ihre Operationalisierung beginnen. Dazu müssen Sie sich Gedanken darüber machen, wie groß angelegt Sie Daten erheben und auswerten können oder wie komplex Sie ein Konstrukt überhaupt abbilden können. Aus diesem Grund raten wir dazu, noch vor dem Beginn der Operationalisierung realistisch einzuschätzen, welche Forschungsvorhaben überhaupt mit den Ihnen zur Verfügung gestellten Ressourcen umsetzbar sind, ob es dabei Risikofaktoren und Unsicherheiten gibt und was ggfs. Ihr Alternativplan für ein Forschungsvorhaben von etwas kleinerem Maßstab sein könnte. Mit einer solchen Vorbereitung können Sie die eigentliche Operationalisierung beruhigter angehen und Sie sind auf Eventualitäten gut vorbereitet.

5.3 Itemkonstruktion

Das wohl größte Missverständnis, das bei der Konstruktion von Fragebögen aufkommen kann, ist die Annahme, dass diejenigen, die ein Messinstrument bearbeiten sollen, dasselbe unter den Aussagen und Fragen verstehen, wie die Testkonstrukteur*innen (vgl. Kurz et al. 1999, S. 92 ff.). Die Itembildung ist sehr anfällig dafür, mehrdeutig zu sein und läuft daher in Gefahr, Messergebnisse zu verfälschen. Für die Itembildung ist die genaue Wortwahl bzw. (Halb-)Satzkonstruktion einer Frage oder Aussage sowie des Antwortformats deshalb entscheidend. In diesem Kapitel werden einige Operationalisierungsregeln aufgestellt, die Konstrukteur*innen dabei unterstützen, Messfehler durch schlechte Konstruktionen zu vermeiden.

Ein Item sollte so konstruiert werden, dass es objektiv, reliabel und valide misst (vgl. Raithel 2008, S. 44, s. a. Krebs und Menold 2014). Das bedeutet, dass ein Item ohne Messfehler zuverlässig nur das misst, was es messen soll. In den Kap. 2 und 3 ist deutlich geworden, dass dies ein Ideal ist, das in der Forschungspraxis nicht erreicht werden kann, daher sollen die hier beschriebenen Regeln Konstrukteur*innen dabei unterstützen, eine möglichst hohe Güte des Messinstruments zu erreichen. Wir möchten betonen, dass diese Regeln streng und alle gleichzeitig einzuhalten sind, auch wenn wir natürlich Porst zustimmen, dass mit solchen Regeln kritisch umgegangen werden müsse (vgl. Porst 2014, S. 698). Daher ist der Konstruktionsprozess ein langer und mühsamer. Fragebögen können, sofern sie wissenschaftlichen Kriterien entsprechen sollen, nicht einfach ausgedacht werden, sondern müssen empirisch validiert werden. Wie in Kap. 2 bereits eruiert, ist daher die Operationalisierung der Items entscheidend.

Beim Konstruieren eines Messinstruments sollte grundsätzlich darauf geachtet werden, dass das Messinstrument und die darin enthaltenen Items so schnell und barrierefrei wie möglich bearbeitet werden können. Die Versuchspersonen sollten beim Ausfüllen so wenig wie möglich darüber nachdenken

5.3 Itemkonstruktion

müssen, was mit bestimmten Fragen oder Aussagen gemeint ist, damit sie nicht durch ein schlechtes Fragebogendesign abgelenkt werden. Wir sollten als Konstrukteur*innen davon ausgehen, dass die Teilnahme an unserer Forschung freiwillig und aus einem guten Willen heraus geschieht, daher müssen wir die Umstände so gestalten, dass die Antwortenden motiviert bleiben. Ein umständlicher oder unverständlicher Fragebogen senkt die Motivation und damit auch die Konzentration der Antwortenden, was zu Messfehlern führen kann. Anders argumentiert: Wenn ein Messinstrument potenzielle Barrieren im Inhalt oder Design beinhaltet, dann ist es potenziell fehleranfällig und damit sicher ungeeignet. Die Konstruktion von Fragebögen sollte daher nicht nur hinsichtlich der einzelnen Items und Itemverbünde, sondern auch in ihrer Gesamtheit betrachtet werden. Ein zentrales Kriterium für einen gelungenen Fragebogen ist die Kongruenz im Design. Damit ist gemeint, dass der Fragebogen einheitlich formatiert ist und dadurch die Antwortenden visuell entlastet werden. Sie können sich an den Anblick einer Fragebogenseite gewöhnen und können darauf vertrauen, dass auch die folgenden Fragebogenseiten ähnlich aufgebaut sind. Allgemeine Hinweise dazu, wie ein Fragebogen im Gesamten gestaltet werden sollte, finden sich bei Klöckner und Friedrichs (2014). Da dies jedoch nicht mehr in den Bereich der Operationalisierung, sondern die gesamte Testkonstruktion fällt, gehen wir an dieser Stelle nicht weiter darauf ein. Dies lässt sich beispielsweise bei Bühner (2021) oder Steiner und Benesch (2021) nachlesen.

Besonders wichtig ist die Kongruenz auch in den Antwortkategorien. In aller Regel beziehen sich Antworten auf Häufigkeiten, Intensitäten, Wahrscheinlichkeiten oder Zustimmungen.

Häufigkeit
- Nie/selten/oft/immer
- Mehrfach täglich/einmal am Tag/wöchentlich/monatlich

Intensität
- Trifft überhaupt nicht zu/trifft eher nicht zu/weder noch/trifft eher zu/trifft voll und ganz zu

Wahrscheinlichkeit
- Auf keinen Fall/unwahrscheinlich/wahrscheinlich/sehr wahrscheinlich/auf jeden Fall

Zustimmung
- Stimme überhaupt nicht zu/stimme etwas zu/weder Zustimmung noch Ablehnung/stimme sehr zu/stimme völlig zu

Wenn möglich, sollten die Antwortkategorien einheitlich bleiben, damit die Antwortenden nicht ständig umdenken müssen. Darüber hinaus möchten Antwortende selbstverständlich möglichst schnell und ohne Hürden den Fragebogen abschließen, daher kann es passieren, dass bei aufeinanderfolgenden Matrizen, die im Grunde gleich aussehen, nicht darauf geachtet wird, ob durch die Antwort eine Zustimmung oder Intensität angefragt wird, weil automatisch davon ausgegangen wurde, dass die Antwortkategorie die gleiche bleibt. Abgesehen von der Kongruenz im Design sollte darauf geachtet werden, dass die Einfachheit von Items und die Angemessenheit des Antwortformats gewahrt wird.

5.4 Einfachheit der Items

Alle Items eines Messinstruments müssen so einfach wie möglich sein und gleichzeitig in ihrer Summe das zu messende Konstrukt möglichst vollständig abbilden. Die Einfachheit eines Items wird gewährleistet, wenn in einem Item nur ein Sachverhalt oder Phänomen gemessen wird, maximal einfache Sätze möglichst ohne Satzzusammensetzungen verwendet, Fremdwörter, doppelte Verneinungen, Suggestivfragen und Stereotypisierungen vermieden werden, die gesamte Stichprobe alle Items uneingeschränkt verstehen kann sowie alle Aussagen bzw. Fragen und die mit ihnen assoziierten Antworten eindeutig interpretierbar und bearbeitbar sind. Insbesondere, wenn Items in Fragebögen so konstruiert sind, dass sie nicht übersprungen werden können, müssen sie den hier formulierten Regeln entsprechen, damit nicht prinzipiell die Reliabilität des Messinstruments in Zweifel gezogen werden kann. Solche Regeln und Leitsätze finden sich bei verschiedenen Autor*innen in unterschiedlicher Form und Verbindlichkeit. Porst (2014) spricht beispielsweise von Geboten, wir hingegen orientieren uns eher an Regeln ähnlich wie bei Steiner und Benesch (2021, S. 51 f.).

> **Einfachheit von Items**
> - Pro Item nur ein zu messender Sachverhalt oder ein Phänomen
> - Eindeutigkeit der verwendeten Wörter
> - Maximal einfache Sätze, möglichst unkomplizierte Satzzusammensetzungen
> - Vermeiden von Fremdwörtern
> - Angemessenheit der Items
> - Keine doppelten Verneinungen
> - Keine Suggestivfragen und Stereotypisierung

5.4 Einfachheit der Items

Pro Item ein Sachverhalt oder Phänomen
Stellen Sie sich vor, Sie möchten über einen Fragebogen das Gesundheitsverhalten eines Menschen erheben. In diesem Fragebogen kommt folgendes Item vor:

Geben Sie an, wie sehr Sie folgender Aussage auf einer Skala von 1 (stimme überhaupt nicht zu) bis 5 (stimme voll zu) zustimmen:
„Ich treibe regelmäßig Sport oder achte auf meine Ernährung."

In diesem Fall werden zwei Sachverhalte in einem Item gemessen, was dazu führt, dass die Antwort nicht verwertbar ist. Gegeben dem Fall, dass eine Person voll zustimmt, wissen wir nicht, worauf sich die Zustimmung bezieht: den regelmäßigen Sport oder die Ernährung?

Was aber, wenn wir das Wort „oder" in dem oben genannten Item durch „und" ersetzen? Wir können nicht automatisch davon ausgehen, dass hier nur Personen zustimmen werden, die sowohl regelmäßig Sport treiben als auch auf ihre Ernährung achten, obwohl das „und" es impliziert, d. h. beide Bedingungen erfüllt sind. Wenn wir solche Informationen messen möchten, dann besser dadurch, dass wir beide Sachverhalte in zwei getrennten Items messen und anschließend in unserem Datensatz solche Fälle auswählen, die beiden Items zugestimmt haben. Außerdem sollten wir Items so konstruieren, dass diejenigen, die den Fragebogen bearbeiten, nicht darüber nachdenken müssen, was genau mit einem Item gemeint ist.

Eindeutigkeit von Wörtern
Mit der Eindeutigkeit von verwendeten Wörtern ist gemeint, dass unabhängig von der lesenden Person die verwendeten Wörter immer auf dieselbe und unmissverständliche Weise verstanden werden können. Fragt beispielsweise ein Versicherungsunternehmen in dessen Fragebogen: „Hatten Sie im letzten Jahr einen Autounfall", ist die Eindeutigkeit der Wörter „letzten Jahr" nicht gegeben. Nehmen wir an, die Versicherungsanwärterin füllt den Fragebogen mit dieser Frage am 14. Februar 2022 aus und sie hatte an Neujahr, dem 01.01.2021, einen Autounfall. Kreuzt sie nun ja oder nein an? Das hängt maßgeblich davon ab, was mit dem „letzten Jahr" gemeint ist: etwa das vergangene Jahr 2021 oder die vergangenen 365 Tage? Je nachdem, wie das letzte Jahr ausgelegt wird, verändert sich ihre Antwort. Das Item wäre besser, wenn es einen konkreten Zeitraum definieren würde, d. h. das letzte Jahr eindeutig bestimmt wäre, z. B. durch einen Zeitraum: „Hatten Sie zwischen 01.01.2021 und 01.01.2022 einen Autounfall?" oder „Hatten Sie im Jahr 2021 einen Autounfall?". Die Frage nach den vergangenen 365 Tage ist übrigens ebenfalls eindeutig, aber nicht zu empfehlen: Das würde bedeuten, dass die Antwortenden zurückrechnen müssen, was ange-

sichts von Schaltjahren eine unnötige Anstrengung bedeutet. Des Weiteren ist der Begriff „Autounfall" ungeschickt gewählt. Zählen nur Unfälle, die selbstverschuldet sind oder auch Unfälle, die fremdverschuldet sind? Mehr noch: Zählen dazu auch Unfälle, in denen eine Person als Radfahrer*in oder Fußgänger*in von einem Auto angefahren wurde? Begriffe wie „Autounfall" kommen in aller Regel deshalb in Fragebögen vor, weil Konstrukteur*innen bei der Verwendung des Begriffs eine klare Vorstellung des Begriffsinhaltes haben und glaubten, dieser sei eindeutig im Begriff repräsentiert.

Einfache Sätze, möglichst unkomplizierte Satzzusammensetzungen
Items sollten, unabhängig davon, ob sie als Aussagen oder Fragen konstruiert werden, so kurz wie möglich sein. Je kürzer das Item, desto weniger komplex ist die in ihr liegende grammatikalische und semantische Komplexität, die von den Antwortenden nachvollzogen und verstanden werden muss. Andererseits können Items nicht immer nur aus Einzelworten bestehen, da sie kontextualisiert werden müssen, damit das Item valide ein Phänomen abbilden kann. In aller Regel möchte man in der quantitativen Sozialforschung komplexe Phänomene, wie z. B. die Einstellung zu spezifischen Themen messen. Dabei lässt es sich nicht vermeiden, mindestens Halbsätze in Form von Aussagen zu formulieren. Wir schlagen daher vor, dass man bei der Konstruktion von komplexeren Items darauf achtet, höchstens ein Komma setzen zu müssen. Das schließt Einschübe aus und ermöglicht höchstens einen Nebensatz. Sie können sich auch an Spaltenbreiten oder Zeichenzahlen orientieren und sich dafür selbst ein Limit setzen. Wir empfehlen, Items möglichst auf von 50 Zeichen (exkl. Leerzeichen) zu beschränken. Das ist zugegebener Maßen eine willkürliche Festlegung, die eher eigenen Erfahrungswerten entsprungen ist. Häufig können Items jedoch nach längerem Nachdenken gekürzt werden, ohne dass sich der Aussagegehalt verändert.

Beispiel 1
„Manchmal glaube ich nicht zu wissen, was ich als Nächstes tun soll" [55 Zeichen].
„Manchmal fühle ich mich planlos" [27 Zeichen].
Ein anderer Ansatz, die Itemlänge zu verkürzen, verlagert Teile von immer gleichen Itemaussagen in die Fragestellung über einer Itemmatrix.

5.4 Einfachheit der Items

Beispiel 2
Bitte geben Sie an, wie sehr Sie den folgenden Aussagen zustimmen.
Ich bin...
Item 1: ...ein geduldiger Mensch
Item 2: ...beliebt bei Arbeitskolleg*innen
Item 3: ...gut im Konstruieren von Items
Insbesondere bei langen Fragebögen mit vielen Items summiert sich die gesparte Lesezeit, wenn Items konsequent kurzgehalten werden, was umgekehrt die Compliance von Antwortenden erhöht, d. h. ihre Motivation, weiter den Fragebogen zu bearbeiten.

Fremdwörter vermeiden

Alle Fremdwörter haben eine allgemeinsprachliche Entsprechung, deren Bekanntheit eher vorausgesetzt werden kann als die des Fremdwortes. Fremdwörter sollten nur dann in Items verwendet werden, wenn die Zielgruppe so definiert ist, dass die Bekanntheit des Fremdwortes mit Sicherheit vorausgesetzt werden darf. Damit ist nicht gemeint, dass Akademiker*innen nur Fremdwörter präsentiert werden sollten, denn Akademiker*in zu sein bedeutet nicht mit genügend Sicherheit, dass grundsätzlich alle Fremdworte bekannt sind. Im Folgenden werden einige Beispiele für Fremdwortadjektive und ihre alltagssprachlichen Äquivalente aufgeführt:

subtil	flüchtig, angedeutet.
pragmatisch	praxisbezogen, sachbezogen.
narzisstisch	selbstverliebt, selbstbezogen.
adäquat	angemessen, passend.
obsolet	überflüssig, unnötig.
empathisch	einfühlend, hineinversetzend.
ambivalent	doppeldeutig, zwiespältig.
nonchalant	lässig, unbekümmert.
ubiquitär	allgegenwärtig, überall vorherrschend.
kongruent	deckungsgleich, übereinstimmend.
konträr	gegenteilig, entgegengesetzt.
differenziert	unterschiedlich, abgestuft.
platonisch	freundschaftlich, unkörperlich.

(Doppelte) Verneinungen

Doppelte Verneinungen sollten tunlichst vermieden werden, da sie leicht überlesen werden können oder zumindest dazu führen, dass unnötig nachgedacht werden muss. Für Menschen, die der Sprache des Messinstruments noch nicht vollumfänglich mächtig sind, könnte dies eine Barriere für ein eindeutiges Verständnis erzeugen. In anderen Worten: Das Item zielt nicht darauf ab, die Lesekompetenz einer Person zu messen, sondern will auf inhaltlicher Ebene als Indikator fungieren. Zwei Beispiele sollen Ihnen verdeutlichen, inwiefern Verneinungen das Verständnis einer Itemaussage oder die Beantwortung eines Items erschweren können.

Beispiel 1
„Ich treibe nicht nicht regelmäßig Sport" kann durch
„Ich treibe regelmäßig Sport" ersetzt werden.

Solche doppelten Verneinungen können sich auch weniger offensichtlich zeigen, beispielsweise in der Konstruktion:

Beispiel 2
„Ich treibe selten keinen Sport", was deutlich verständlicher in der Formulierung:
„Ich treibe häufig Sport" abgebildet ist.

Dass die Anwendung von doppelten Verneinungen, in expliziter oder impliziter Form, ungeeignet ist, ist vermutlich recht einleuchtend. Wir möchten allerdings auch empfehlen, von einfachen Verneinungen abzusehen, denn auch hier müssen Antwortende unnötig umdenken. Gegeben dem Fall, dass erneut auf einer Likert-Skala von 1–5 nach der Zustimmung gefragt wird, und das Item „Ich bin nicht gewissenhaft" lautet, müssen Menschen, die gewissenhaft sind, mit 1 nicht zustimmen. Aus der Perspektive eines gewissenhaften Menschen bedeutet dies den folgenden Gedanken: „Ich bin nicht nicht gewissenhaft, also stimme ich nicht zu." Verneinungen verursachen daher zumindest für manche der Antwortenden einen erhöhten kognitiven Aufwand, was für die Motivation und Konzentrationsleistung unzuträglich ist. Ähnliches gilt für versteckte Verneinungen durch die Vorsilbe „un-", so wie in dem Item: „Ich bin häufig unpünktlich." Stattdessen empfehlen wir Wörter zu nutzen, die das Gegenteil direkt ausdrücken, also besser „Ich verspäte mich häufig". Um die richtigen Wörter zu finden, lohnen sich Synonymlisten und die Arbeit in Gruppen, weil es sehr schnell passiert, dass man sich beim Operationalisieren auf spezifische Begriffe kognitiv versteift und andere, besser geeignete Wörter nicht einfallen.

Suggestivfragen und Stereotypisierungen
Suggestive Fragen und Aussagen sind sehr schwer zu erkennen. Die Suggestion kann inhaltlich in der Itemaussage, z. B. durch die Wortwahl geschehen oder aber durch beispielsweise Reihenfolgeneffekte entstehen, d. h. in welcher Reihenfolge die Informationen präsentiert werden. Suggestionen können auch durch Autori-

tätsargumente erwirkt werden (z. B. „Die Wissenschaft hat gezeigt, dass...") oder indem bestimmte Annahmen in Form von Unterstellungen vorweggenommen werden (z. B. sind sie zufrieden mit den Kochfertigkeiten ihrer Frau?). Oftmals entstehen solche suggestiven bzw. stereotypisierenden Items unabsichtlich dadurch, dass wir uns unserer eigenen Vorurteile nicht bewusst sind. Daher ist für eine gewissenhafte Kontrolle dringend angeraten, alle Items von Kolleg*innen und Kommiliton*innen nach möglichen Suggestionen und Unterstellungen überprüfen zu lassen.

Angemessenheit der Items
Die Angemessenheit der Items bemisst sich daran, ob alle Items eines Fragebogens von der ausgewählten Stichprobe verstanden und beantwortet werden können. Damit ist nicht nur das Verständnis der einzelnen Items gemeint, sondern auch die operationalisierten Konstrukte. So sollte man sich die Frage stellen, ab welchem kognitiven und entwicklungspsychologischen Stand Heranwachsende über Moralität, Freundschaft, Recht, Mündigkeit, Liebe und ähnliche Konstrukte befragt werden können, sodass sicher ist, dass die Begriffe in den verwendeten Items verstanden werden können. Dasselbe gilt für kulturelle Unterschiede. Dass Operationalisierungen kultur- und zeitsensitiv sind, wurde in Kap. 2 bereits am Beispiel der Bindungsforschung erläutert. Dies wirft die Frage auf, wie heterogen eine Stichprobe überhaupt sein darf, damit ein Messinstrument reliabel messen kann. In der quantitativen Sozialforschung adressiert man dieses Problem, indem Items konstruiert werden, die soziodemografische Variablen miterheben, sodass diese dann bei der Auswertung beispielsweise als Filtervariablen genutzt werden können. Zu solchen Variablen zählen beispielsweise das Geschlecht, Alter, kulturelle und religiöse Identitäten usw. Im US-amerikanischen Sprachraum wird nicht selten die Rasse miterhoben, was im deutschen Sprachraum absolut unzulässig ist. Wer einem in Deutschland sozialisierten Menschen einen Fragebogen vorlegt, indem die Rasse abgefragt wird, darf mit einer sehr hohen Dropout-Rate rechnen oder damit, dass der Fragebogen absichtlich sabotiert wird. Auch dies ist ein Beispiel für die Unangemessenheit von Items, wobei es für Verweigerungen auch andere Ursachen geben kann, z. B. vorangehende Erfahrungen mit Umfragen (vgl. Hlawatch und Krickl 2014, S. 305). Solche Einflüsse können nur dadurch kontrolliert werden, dass die Teilnahme an einer Erhebung vollständig freiwillig stattfindet. Die Angemessenheit von Formulierungen und im Allgemeinen von zu messenden Daten hängt also auch von zeitlichen, geografischen und kulturellen Faktoren ab.

Das Problem von kulturellen Besonderheiten wird verstärkt durch gendersensible Sprache. In der Theorie ist gendersensible Sprache notwendig, um eine hohe Präzision in der Adressierung unterschiedlicher Geschlechter zu erreichen. Immerhin wird eine sich als weiblich identifizierende Person irritiert sein, wenn sie als maskulin adressiert wird und jedes Mal umdenken muss, was dem Gebot der Einfachheit widerspricht. Andererseits wird ein Fragebogen, der einer streng konservativen Stichprobe präsentiert wird, mit Items in gendersensibler Sprache womöglich ähnlich ablenkende Irritationen hervorrufen. Für dieses Problem gibt es keine Lösung, da unsere Gesellschaft inmitten eines gendersensiblen Transformationsprozesses ist und bestimmte Teile der Bevölkerung vom Gendern und andere von der Abwesenheit des Genderns irritiert sind. Es obliegt also den Fragebogenkonstrukteur*innen zu entscheiden, welche Formulierung bei welcher Stichprobe angemessen ist oder ob eine vermeintlich neutrale Formulierung z. B. durch ein Gerundium gewählt wird. Die Entscheidung für oder gegen das Gendern sollte jedoch bewusst getroffen werden.

Grundlegend können zwischen offenen, halboffenen und geschlossenen Fragen unterschieden werden. Offene Fragen ermöglichen frei formulierte Antworten in einem Textfeld, die höchstens durch eine Zeichenzahl oder bei handschriftlichen Fragebögen durch Linien begrenzt sind. Solche offenen Fragen kommen in der quantitativen Sozialforschung bisweilen kaum zur Anwendung, weil sie nur qualitativ ausgewertet werden können, obwohl sie sicherlich quantifiziert werden können.

Halboffene Fragen bieten vorgefertigte Antworten, aus denen ausgewählt werden kann, wobei eine Antwortmöglichkeit (meist „Sonstiges", „Anderes", „Weiteres") die Möglichkeit bietet, eine offen formulierte Antwort zu geben.

Für dieses Buch sind jedoch vor allem geschlossene Fragen interessant. Diese zeichnen sich dadurch aus, dass aus vorgegebenen Antworten ausgewählt werden muss, ohne dass eine offene Antwort möglich ist. Für die Auswertenden hat dies den Vorteil, dass alle Antworten eindeutig interpretierbar sind, vorausgesetzt, die Antwortmöglichkeiten sind entsprechend konstruiert. Andererseits bedeutet das, dass Antwortende alle möglichen Antworten in der vorgefertigten Antwortskala wiederfinden müssen, um ihre spezifische Antwort abbilden zu können. Kommt die von ihnen gewünschte und von ihnen als zutreffend erachtete Antwortmöglichkeit nicht vor, bedeutet dies, dass das Item entweder übersprungen wird oder, sofern das Item nicht übersprungen werden kann, willkürlich bearbeitet wird, wodurch das Item zu Messfehlern führt.

Wir möchten an dieser Stelle auf gängige Probleme hinweisen, auf die Antwortende beim Bearbeiten von Fragebogenitems stoßen: (1) Das Item ist grundsätzlich irrelevant für sie und (2) sie können ihre individuelle Abstufung innerhalb eines Antwortspektrums nicht ausdrücken sowie (3) entspricht

5.4 Einfachheit der Items

die Differenzierung der Antwortmöglichkeiten nicht der Komplexität des zu messenden Konstrukts. Diese Probleme sollen nun an Beispielitems veranschaulicht werden.

Beispiel 1

Haben Sie Schmerzen beim Radfahren? [ja] [nein].

Eine Person, die kein Fahrrad fahren kann, kann keine Aussage darüber machen, ob sie Schmerzen beim Fahrradfahren hätte. Sie würde wahrscheinlich Nein antworten, da sie keine Aussage treffen kann, aber damit gibt sie eventuell eine falsche Antwort ab, da sie nicht wissen kann, ob sie beim Fahrradfahren Schmerzen hätte. Das Item ist nicht valide, misst also nicht nur das, was es messen soll, nämlich bei welchen Bewegungen die Schmerzen auftreten. Eine auswertende Person jedenfalls würde mit Sicherheit die Antwort als eine Verneinung der Schmerzen und nicht der Fähigkeit, Fahrrad zu fahren, werten, in der falschen Annahme, dass alle Menschen Fahrrad fahren können. Es gibt allerdings eine mögliche Konstellation, in der die oben genannte Frage valide ist, nämlich wenn zuvor eine Filtervariable im Fragebogen eingebaut ist, die misst, ob die Person Fahrradfahren kann. Zumindest wäre mithilfe der Filtervariable die Antwort eindeutig interpretierbar, sofern die Person Fahrrad fahren kann. Hat sie bei der Filtervariable angegeben, dass sie kein Fahrrad fahren könne, dann ist jede Antwort bezogen auf die Schmerzen beim Fahrradfahren nicht sinnvoll interpretierbar. Besser wäre es allerdings, wenn man sich nicht umständlich mit einer Filtervariable helfen müsste, um eine eindeutige Interpretation der Antwort zu ermöglichen.

Beispiel 2

Geben Sie an, wie sehr Sie der folgenden Aussage zustimmen:
  „Ich bin ein ordentlicher Mensch"
  Stimme gar nicht zu | stimme kaum zu | stimme etwas zu | stimme sehr zu.

Eine Person, die ausdrücken möchte, dass sie weder ordentlich noch unordentlich ist, wird mit dieser vierstufigen Likert-Skala zu einer Tendenz gezwungen, die nicht ihrer wahren Antwort entspringt. Des Öfteren hörten wir in unseren Seminaren, dass Antwortende dadurch dazu ermutigt werden, sich zu positionieren oder eine Entscheidung zu treffen. Dies mag vielleicht bei manchen zutreffen, sicher ist jedoch, dass alle diejenigen, die überzeugt „weder noch" ausdrücken möchten, dies explizit nicht machen können und daher eine falsche Antwort abgeben werden, d. h. eine Antwort, die nicht das abbildet, was die antwortende Person eigentlich angeben möchte. Hinzu kommt der statistisch unwahrscheinliche, aber mögliche Fall, dass zufällig ein Großteil der Stichprobe aus diesem Grund willkürlich dieselbe Tendenz zu wenig Zustimmung ankreuzt, was in der Auswertung zu dem falschen Ergebnis führt, dass die Stichprobe insgesamt wenig ordentlich sei. Unabhängig davon, wie unwahrscheinlich dies auch erscheinen mag, dieses Risiko ist einer schlechten Skalierung zuzuschreiben und ist völlig unnötig. Aus diesem Grund empfehlen wir eine ungerade Anzahl von Antwortmöglichkeiten für Likert-Skalen zu verwenden, in denen es eine eindeutige Mitte gibt, die es ermöglicht, „weder noch", „teils teils" und Ähnliches zum Ausdruck zu bringen, um möglichen Verzerrungen vorzubeugen. Durch die genaue Benennung der Mitte kann man Franzens Warnung zuvorkommen, dass Antwortende die Mitte nicht eindeutig interpretieren können (vgl. Franzen 2014, S. 706).

Beispiel 3
Geben Sie auf einer Skala von 1 bis 9 an, wie sehr Sie der folgenden Aussage zustimmen, mit 1 = keine Zustimmung, 5 = weder noch und 9 = volle Zustimmung:
Ich bin ein ordentlicher Mensch: [1] [2] [3] [4] [5] [6] [7] [8] [9].

In diesem Fall gibt es zwar eindeutig definierte Pole sowie eine eindeutige Mitte, allerdings birgt dieses Antwortformat ein anderes Problem: Das Antwortformat differenziert zu viel, ohne dass trennscharf ersichtlich ist, welche Unterschiede die einzelnen Antwortmöglichkeiten repräsentieren. Im obigen Beispiel ist klar, dass alles kleiner als 5 kaum Zustimmung bis keine Zustimmung und größer 5 viel Zustimmung bis volle Zustimmung bedeutet. Der Unterschied zwischen 2 und 3 oder 3 und 4, bisweilen sogar zwischen 2 und 4 ist jedoch unklar und wird mit hoher Wahrscheinlichkeit willkürliche Einstufungen hervorrufen. Für die Auswertung bedeutet dies in der Regel, dass bestimmte Wertebereiche zusammengeführt werden würden, ein Prozess, der unnötig ist und erspart geblieben wäre, hätte man eine weniger stufige Likert-Skala gewählt. Daraus leitet sich die Empfehlung ab, sich genau zu überlegen, wie differenziert eine Antwortskala sein muss, um sinnvolle Antwortabstufungen zu generieren. Der beste Weg, um dies sicherzustellen, ist jeder Antwortmöglichkeit eine begriffliche Antwort zuzuordnen. Solange diese trennscharf voneinander unterschieden und eindeutig interpretierbar sind, sollten Sie auf der sicheren Seite sein.

Fazit
Die Operationalisierung eines Konstrukts ist entscheidend dafür, ob eine empirische Untersuchung valide ist. Die in diesem Kapitel formulierten Regeln sollen Fragebogenkonstrukteur*innen dabei unterstützen, ihr Messinstrument möglichst ohne systematische Messfehler zu erstellen. Für die Itemkonstruktion

konnten konkrete Regeln formuliert werden, welche die Einfachheit der Items begünstigen.

> **Fragen zur Reflexion**
>
> - Welche Entscheidungen sind im Vorfeld einer Operationalisierung zu treffen?
> - Wie lauten die hier vorgeschlagenen Regeln, um möglichst einfache Items zu konstruieren?
> - Welche Vorteile hat eine Likert-Skala mit ungerader Anzahl gegenüber einer Likert-Skala mit gerader Anzahl?
> - Schlagen Sie ein beliebiges psychometrisches Konstrukt in einem pädagogischen, soziologischen oder psychologischen Wörterbuch nach. Stellen Sie sich beim Lesen des Eintrags die Frage: „Welche Indikatoren werden genannt und welche Items könnte ich dazu formulieren?"

Literatur

Bühner, M. (2021). Einführung in die Test- und Fragebogenkonstruktion. München [u.a.]: Pearson.

Döring, N., & Bortz, J. (2016). Forschungsmethoden und Evaluation in den Sozial- und Humanwissenschaften. Berlin, Heidelberg: Springer.

Franzen, A. (2014). Antwortskalen in standardisierten Befragungen. In N. Baur, & J. Blasius, Handbuch Methoden der empirischen Sozialforschung (S. 701–712). Wiesbaden: Springer.

Hlawatsch, A., & Krickl, T. (2014). Einstellungen zu Befragungen. In N. Baur, & J. Blasius, Handbuch Methoden der empirischen Sozialforschung (S. 305–312). Wiesbaden: Springer VS.

Klöckner, J., & Friedrichs, J. (2014). Gesamtgestaltung des Fragebogens. In N. Baur, & J. Blasius, Handbuch Methoden der empirischen Sozialforschung (S. 675–686). Wiesbaden: Springer VS.

Knorr-Cetina, K. (2016). Die Fabrikation von Erkenntnis. Zur Anthropologie der Wissenschaft. Frankfurt am Main: suhrkamp.

Krebs, D., & Menold, N. (2014). Gütekriterien quantitativer Sozialforschung. In N. Baur, & J. Blasius, Handbuch Methoden der empirischen Sozialforschung (S. 425–438). Springer VS: Wiesbaden.

Kurz, K., Prüfer, P., & Rexroth, M. (1999). Zur Validität von Fragen in standardisierten Erhebungen: Ergebnisse des Einsatzes eines kognitiven Pretestinterviews. ZUMA-Nachrichten, 23 (44), S. 83–107.

Porst, R. (2014). Frageformulierung. In N. Baur, & J. Blasius, Handbuch Methoden der empirischen Sozialforschung (S. 687–700). Wiesbaden: Springer VS.

Raithel, J. (2008). Quantitative Forschung. Ein Praxiskurs. Wiesbaden: VS Verlag für Sozialwissenschaften.
Steiner, E., & Benesch, M. (2021). Der Fragebogen. Von der Forschungsidee zur SPSS-Auswertung. Wien: UTB.

6 Beispielhafter Ablauf einer Operationalisierung

Zusammenfassung

Nachdem wir in den vorherigen Kapiteln die theoretischen Grundlagen für die Operationalisierung dargelegt haben, widmen wir uns nun unter Berücksichtigung der in Kap. 5 formulierten Regeln einer exemplarischen Operationalisierung. Wir gehen in diesem Kapitel die vier Schritte unseres Verständnisses einer Operationalisierung durch, beginnend mit der Konzeptspezifikation über die Festlegung der Indikatoren und des Messinstruments hin zur Itemkonstruktion. Die Operationalisierung führen wir beispielhaft und ausschnitthaft anhand des Konstrukts Freundschaft durch. Dazu greifen wir auch auf unsere bisherigen Arbeiten und unsere Seminare zurück.

6.1 Schritt 1: Konzeptspezifikation

Wir haben im Vorhinein, basierend auf einer vorläufigen und groben Literaturrecherche sowie dem Interesse der beteiligten forschenden Personen, ein Konstrukt gewählt und hierzu eine Forschungsfrage entwickelt. Wir haben uns für das Konstrukt Freundschaft entschieden und wollen die Frage ‚Woraus setzt sich Freundschaft zusammen?' erforschen. Es geht uns also darum, welche (inhaltlichen) Merkmale Freundschaft als interpersonelle Beziehung hat.[1]

---

[1] Spezielle Freundschaften oder Freundschaften unter einem bestimmten Fokus bzw. einer Kategorie zu betrachten wie interethnische Freundschaften oder Mädchenfreundschaften, ist demnach nicht unser Ziel. Zwar können Kategorien wie Geschlecht oder Herkunft

---

© Springer Fachmedien Wiesbaden GmbH, ein Teil von Springer Nature 2022
N. Brück und C. Toth, *Studienbuch Operationalisierungen*,
https://doi.org/10.1007/978-3-658-30239-9_6

Wie in Kap. 1 dargelegt, müssen wir uns an dieser Stelle auch Gedanken über die Stichprobe machen. Wen wir befragen wollen, spielt sowohl für die Konzeptspezifikation, die Wahl der Indikatoren und des Erhebungsinstruments als auch für die Itemkonstruktion eine Rolle. Da wir einen möglichst umfassenden Überblick über Freundschaft erhalten wollen, sollte die Altersspanne nicht zu klein sein, allerdings auch nicht zu groß – die befragten Personen sollten ähnliche Verbalisierungsfähigkeiten haben, damit die Items für alle Befragten verständlich sind. Zudem sollten Freundschaften für alle befragten Personen relevant sein. Wir entscheiden uns hier für eine Altersspanne von 18–60 Jahre. Die Stichprobenziehung erfolgt erst an späterer Stelle und ist nicht mehr Teil der Operationalisierung, sondern Teil der Testkonstruktion. Für die Operationalisierung ist zunächst nur die Stichprobenplanung relevant, d. h. zu wissen, wen wir befragen wollen.

Wie in Kap. 1 beschrieben, geht es im ersten Schritt des Messbarmachens eines Konstrukts zunächst darum, das zu messende Konstrukt zu spezifizieren. Wir sammeln unsere Assoziationen zu Freundschaft, recherchieren nach Materialien wie Interviews, Videos, Artikeln etc. und setzen uns mit der Fachliteratur auseinander. Es empfiehlt sich, alle Schritte und Ergebnisse schriftlich festzuhalten, damit an keiner Stelle von vorne begonnen werden muss oder bereits erfolgte Denkprozesse wiederholt werden. Aufgrund des Umfangs der Konzeptspezifikation unterteilen wir diese – wie in Kap. 1 bezugnehmend auf verschiedene Autor*innen dargestellt – in mehrere Schritte. Da hier die Verdeutlichung des Prozesses unser Ziel ist und nicht die ausführliche Darlegung einer Operationalisierung, werden alle Schritte, Tabellen und Abbildungen nur ausschnitthaft und so ausführlich wie zum Verständnis notwendig dargestellt.

Schritt 1.1:
Wir beginnen mit unseren Assoziationen zu Freundschaft und nutzen diese vor allem, um uns dem Thema anzunähern. Dabei nennen wir ungefiltert alles, was

---

gerade beim Merkmal Ähnlichkeit als Bedingung der Entstehung und Aufrechterhaltung von Freundschaft eine Rolle spielen, aber sie fungieren in unserem Fall nicht als übergeordneter Aspekt (im Sinne einer Brille), mit dem wir auf allgemeine Merkmale von Freundschaft, wie z. B. Vertrauen, blicken. Würden wir beispielsweise Mädchenfreundschaften untersuchen, würden wir Merkmale wie Vertrauen durch die Brille Geschlecht betrachten.

6.1 Schritt 1: Konzeptspezifikation

Abb. 6.1 Whiteboard Assoziationen zu Freundschaft

uns zu Freundschaft einfällt. Unsere Assoziationen halten wir mithilfe eines Whiteboards fest (siehe Abb. 6.1).[2]

Schritt 1.2:
Nachdem wir uns dem Konstrukt Freundschaft von unserem Alltagsverständnis ausgehend angenähert haben, geht es im nächsten Schritt darum, Material zu sammeln. Als erstes geben wir Freundschaft in eine Suchmaschine wie z. B. Google ein – wir suchen hier zunächst ohne Bezug zu unserer Stichprobe – und stoßen auf verschiedene Bilder, auf denen Freund*innen dargestellt sind, auf verschiedene Artikel und (Alltags-)Definitionen, wie z. B. die Definition in einem Artikel bei Spektrum Lexikon der Psychologie[3]: „**Freundschaft,** ist eine zwischenmenschliche Beziehung, die besonders viel individuellen Gestaltungsspielraum bietet. Freundinnen und Freunde bestimmen selbst, wie die Freundschaft geführt werden soll, wie intensiv, wie nah, wie offen, wie oft und in welcher Art und Weise sie füreinander da sein wollen." (Herv. i. O.) Es geht bei der Sammlung noch nicht darum, Material auszuwählen und zu entscheiden, welches geeignet ist und welches weniger dienlich. Daher fließen in die Sammlung auch alltagsnahe Definitionen ein – insbesondere auch, weil Freundschaft ein Konstrukt ist, das uns im Alltag begleitet – wie z. B. aus einem

---

[2] Wir haben hier das online verfügbare Tool Witeboard (https://witeboard.com) verwendet.
[3] Der Artikel „Freundschaft" von A.A. findet sich hier: https://www.spektrum.de/lexikon/psychologie/freundschaft/5328 (14.02.2022).

Artikel in der Brigitte, in dem „10 Merkmale wahrer Freundschaft"[4] angeführt werden. Die Autorin nennt hier beispielsweise Bedingungslosigkeit, Verständnis und Rücksichtnahme. Zudem finden wir hier hilfreiche Verweise auf Studien zu Freundschaft, auf die wir im nächsten Schritt, wenn es um die Recherche wissenschaftlicher Literatur geht, zurückgreifen können. Auch wenn die Definition in Kap. 1 dies andeutet, geht es hierbei nicht darum, alles je zu Freundschaft Veröffentlichte zu lesen, anzuhören oder anzuschauen – dieser Anspruch wäre nicht erfüllbar. Dennoch sollte die Sammlung umfassend sein und nicht lediglich einen Artikel enthalten. Es empfiehlt sich, die Suche zu erweitern und beispielsweise nach den Schlagworten „Freundschaft Interview" oder „Freundschaft Video" oder „Freundschaft Umfrage" zu recherchieren und anhand dessen weiteres Material zu sammeln. Wir stoßen so beispielsweise auf einen anschaulichen Beitrag für Kinder von Wissen macht Ah![5] und verschiedene Verweise auf Studien und Statistiken wie beispielsweise bei statista[6] zur Frage, was in einer Freundschaft wichtig sei – hier werden Items angeführt, von denen wir bei der Itemkonstruktion später überlegen können, sie einzubeziehen. Material, das wir bereits aufgrund eines anderen Kontextes kennen, sollten wir ebenso einbeziehen. Das wäre in unserem Fall beispielsweise das Zusatzmaterial zum Lehrbuch „Entwicklungspsychologie des Kindes- und Jugendalters für Bachelor" von Lohaus und Vierhaus (2019). Hier findet sich ein hilfreiches Video zur Entwicklung von Freundschaft.[7]

---

[4] Der Artikel „Was ist Freundschaft? Merkmale und Definition" von Susanne Schumann findet sich hier: https://www.brigitte.de/liebe/beziehung/was-ist-freundschaft--merkmale-und-definition-11739990.html (14.02.2022).

[5] Der Beitrag „Zeichen der Freundschaft" von Ralph Caspers u. a. findet sich hier: https://kinder.wdr.de/tv/wissen-macht-ah/av/video-zeichen-der-freundschaft-102.html (14.02.2022).

[6] Die Statistik zur Online-Umfrage „Was ist in einer Freundschaft besonders wichtig?" findet sich hier: https://de.statista.com/statistik/daten/studie/887096/umfrage/umfrage-in-deutschland-zu-den-wichtigsten-werten-in-einer-freundschaft/ (14.02.2022). Das Statista Research Department bezieht sich hier auf eine Studie des SINUS-Instituts und YouGov von 2018: https://yougov.de/news/2018/07/26/deutsche-haben-37-enge-freunde-offene-kommunikatio/ (14.02.2022).

[7] Das Video „Video ‚Interviews zu Freundschaften'" findet sich hier https://lehrbuch-psychologie.springer.com/videos/437 (14.02.2022).

6.1 Schritt 1: Konzeptspezifikation

Schritt 1.3:
Wir bewegen uns sowohl bei den Statistiken als auch beim letztgenannten Video bereits im Bereich wissenschaftlicher Daten. Im nächsten Schritt widmen wir uns der Recherche wissenschaftlicher Literatur – wir beziehen hier sowohl theoretische als auch empirische Arbeiten ein. Dabei suchen wir beispielsweise im Katalog der Universitätsbibliothek, auf SpringerLink oder auch bei anderen Verlagen, bei Google Scholar und in Literaturdatenbanken wie FIS Bildung nach verschiedenen Stichworten: Freundschaft, Freundschaften Jugendalter, Freundschaft im Erwachsenenalter. Da es uns darum geht, das Konstrukt messbar zu machen und herauszufinden, woraus Freundschaft besteht bzw. woraus sich Freundschaft zusammensetzt, beziehen wir hier auch Literatur ein, die sich nicht auf die Altersspanne unserer Stichprobe bezieht. Allgemeinere Literatur zum Konstrukt oder zu anderen Altersspannen kann Aspekte enthalten, die auch für das eigene Vorhaben relevant sein können. Beispielsweise finden wir in Literatur zu Kinderfreundschaften wichtige Hinweise dahingehend, was auch später noch relevant für Freundschaften ist bzw. sein kann. Natürlich sollte sich die herangezogene Literatur auch auf die anvisierte Stichprobe beziehen – es erscheint wenig sinnvoll, beispielsweise für die Untersuchung des Ernährungsverhaltens von Student*innen in erster Linie Literatur zur Säuglingsernährung heranzuziehen. Das bedeutet aber nicht, dass es nicht (gute) inhaltliche Gründe gibt, die Auswahl der Literatur zu erweitern. Wir suchen also sowohl allgemein nach Literatur zu Freundschaft als auch konkret in Bezug auf unsere Stichprobe.

In der Regel sind nicht alle recherchierten Quellen gleichermaßen hilfreich. Maßgeblich ist hier, ob die entsprechende Quelle ausreichende Informationen zu Freundschaft enthält: Wird Freundschaft so ausführlich beschrieben und erklärt, dass die angeführten Aspekte verständlich sind? Eine alleinstehende Aussage wie ‚Freundschaft ist durch Nähe, Vertrauen und Konflikte gekennzeichnet', die im Anschluss nicht spezifiziert wird und zu der keine weitere Erklärung von Nähe, Vertrauen oder Konflikte in Freundschaft erfolgt, hilft uns zur Spezifikation von Freundschaft nicht weiter. Wir wissen zwar dadurch, dass diese wohl als Aspekte bzw. Merkmale von Freundschaft fungieren, jedoch mangelt es uns an einer näheren Definition dessen, welche wir für die Konzeptspezifikation jedoch benötigen. Wissen wir nicht, was unter Vertrauen in Freundschaft verstanden wird, fehlt uns die Basis, um später Items zu konstruieren, die auf Vertrauen hinweisen. Dennoch muss in einer Quelle Vertrauen in einer Freundschaft nicht explizit definiert werden, damit diese für uns hilfreich ist. Häufig ergibt sich aus dem Kontext, was unter dem entsprechenden Aspekt zu verstehen ist. Beispielsweise finden wir in einem Beitrag von Rohlfs (2010, S. 67) die Aussage, dass Freundschaft eine „Lern- und Entwicklungswelt" sei und anschließend eine Dar-

Tab. 6.1 Systematisierung des Materials

Art des Materials: Um welches Material handelt es sich?	Quelle: Wo ist das Material zu finden?	Inhalt: Um was geht es (grob zusammengefasst)?
Whiteboard	Eigene Quelle, ggfs. ein Link, wenn das Whiteboard wie bei uns mit einem Tool erstellt wurde	Assoziationen zu Freundschaft: Was ist wichtig in einer Freundschaft, was bedeutet eine Freundschaft, was gehört zu einer Freundschaft, z. B. Veränderung, Geheimnisse, gemeinsame Unternehmungen
Video „Interviews zu Freundschaften"	Material zum Lehrbuch „Entwicklungspsychologie des Kindes- und Jugendalters für Bachelor" von Lohaus und Vierhaus (2019), URL: https://lehrbuch-psychologie.springer.com/videos/437	Entwicklung und Merkmale von Freundschaft, Aussagen von Kindern und Jugendlichen sowie Rahmung der Aussagen
Statistische Daten zu Freundschaft	Umfrage von SINUS-Institut/YouGov (2018), URL: https://yougov.de/news/2018/07/26/deutsche-haben-37-enge-freunde-offene-kommunikatio/	Items zu Freundschaft
Wissenschaftliche Literatur	Harring, M., Böhm-Kasper, O., Rohlfs, C., & Palentien, C. (Hrsg.) (2010). Freundschaften, Cliquen und Jugendkulturen. Peers als Bildungs- und Sozialisationsinstanzen. Wiesbaden: VS	Verschiedene theoretische sowie empirische Auseinandersetzungen, unterschiedliche Schwerpunkte, u. a. Sozialisationskontext, Schule
Wissenschaftliche Literatur	Keller, M. (1996). Moralische Sensibilität. Entwicklung in Freundschaft und Familie. Weinheim: Beltz Psychologie Verlags Union	Empirische Studie, Freundschaft als Entwicklungskontext, Moral und Freundschaft

(Fortsetzung)

Tab. 6.1 (Fortsetzung)

Art des Materials: Um welches Material handelt es sich?	Quelle: Wo ist das Material zu finden?	Inhalt: Um was geht es (grob zusammengefasst)?
Wissenschaftliche Literatur	Von Salisch, M., Lüpschen, N., & Kanevski, R. (2013): Wer hat Freundschaften und wer verliert sie? – Notwendige sozial-emotionale Kompetenzen im frühen Jugendalter. Praxis der Kinderpsychologie und Kinderpsychiatrie. Ergebnisse aus Psychotherapie, Beratung und Psychiatrie, Jg. 62, Heft 3, 179–196	Entstehung und Beendung von Freundschaften, Jugendalter, Einflussfaktoren, sozial-emotionale Kompetenzen, eventuell relevantes Messinstrument (Lüneburger Netzwerkinterviews für Kinder und Jugendliche)

stellung, inwiefern sich in Freundschaften lernen lässt. Eine Seite vorher wird die Eigenschaft Vertrauen (in einer konkreten beschriebenen Freundschaft) genannt und sowohl vorher als auch nachher wird deutlich, was darunter zu verstehen ist (vgl. Rohlfs 2010, S. 66). Häufig finden wir in der Literatur auch hilfreiche Hinweise auf weitere Quellen. Wann die Recherche gesättigt ist, lässt sich pauschal und anhand einer Anzahl von Quellen nur schwer vorhersagen – wir müssen genügend Informationen zu unserem Konstrukt gefunden haben, um dieses so spezifizieren zu können, dass wir anschließend Aussagen auf dieser Basis formulieren können.

Schritt 1.4:
Im nächsten Schritt systematisieren wir unser Material. Dies kann beispielsweise in Form einer Auflistung geschehen (siehe Tab. 6.1). Während der Systematisierung wird das Material noch nicht gefiltert, demnach treffen wir hier noch keine Auswahl in Hinblick auf die Eignung des Materials für unsere Untersuchung – das gilt sowohl für das Material als Ganzes als auch für einzelne Ausschnitte. Die Systematisierung dient der Auffächerung des Materials: Wir führen sämtliche Materialien aus Schritt 1.1–1.3 zusammen, um so eine Basis zu erstellen, von der ausgehend wir diskutieren können, welche Aspekte wir aufnehmen möchten und als Merkmale von Freundschaft erachten. Da uns die Verschriftlichung hier als Basis und damit einem Überblick über das Material dient, sollte diese keinesfalls so umfassend wie die Dimensionierung sein – das ist weder sinnvoll noch notwendig aus unserer Sicht.

Schritt 1.5:
Nachdem wir die Aspekte und Merkmale von Freundschaft aufgefächert haben, wählen wir aus diesen jene aus, die wir als relevant erachten. In diesem Schritt filtern und bündeln wir demnach das recherchierte Material. Wir wählen für unsere Untersuchung relevante Merkmale aus, die unsere Dimensionen von Freundschaft bilden (filtern). Das Bündeln besteht darin, dass wir die recherchierte (wissenschaftliche) Literaturl auf zu den Dimensionen passende Aspekte durchsuchen und sie den Dimensionen zuordnen. Wie wir in Kap. 1 bereits geschildert haben, ist es bei der Auswahl der Dimensionen wichtig zu beachten, ob die Dimension tatsächlich eine Eigenschaft bzw. ein Merkmal des Konstrukts darstellt, also Antworten auf die Fragen ‚Gehört dies zum Konstrukt? Beschreibt dieser Aspekt das Konstrukt näher? Wird dadurch klar(er), was unter Freundschaft zu verstehen ist?' liefert. Das hat sich in unseren Seminaren häufig als eine Schwierigkeit bei der Konzeptspezifikation dargestellt – sodass Einflussfaktoren oder Auswirkungen und Folgen eines Konstrukts als Eigenschaften gewählt wurden. Um das zu überprüfen, empfiehlt es sich, zusätzlich danach zu fragen ‚Folgt dieser Aspekt aus dem Konstrukt? Beeinflusst dieser Aspekt das Konstrukt?'.

Beispiel

In Bezug auf unser Konstrukt wären also die Fragen zu beantworten und damit gegenzuprüfen: Gehört Nähe zu Freundschaft? Beschreibt Nähe Freundschaft näher? Wird durch den Aspekt Nähe klar(er), was unter Freundschaft zu verstehen ist? Ist Nähe eine Folge aus Freundschaft? Beeinflusst Nähe Freundschaft? Hier wird bereits deutlich, dass es sich gerade bei Nähe nicht nur um eine Eigenschaft von Freundschaft handelt, sondern auch, dass Nähe durch Freundschaft hergestellt wird und auch die Intensität der Nähe eine Freundschaft beeinflusst. Ein Aspekt kann also je nach Konstrukt sowohl eine Eigenschaft und Folge oder Einflussfaktor darstellen. Ziehen wir einen anderen Aspekt heran, um die Schwierigkeit bei der Auswahl der Merkmale zu verdeutlichen: Alter. Gehört Alter zu Freundschaft dazu? Beschreibt Alter Freundschaft näher? Wird durch den Aspekt Alter klar(er), was unter Freundschaft zu verstehen ist? Die Fragen können wir alle verneinen. Folgt Alter aus Freundschaft oder ergibt es sich aus Freundschaft? Auch dies können wir verneinen. Beeinflusst das Alter Freundschaft? Das könnten wir aufgrund unserer Materialsammlung bejahen. Versuchen wir es noch mit einem etwas schwierigeren Beispiel: Lernen. Wir haben während der Materialsammlung herausgefunden, dass wir mit Freund*innen lernen und sie als Entwicklungs- und Sozialisationskontexte fungieren können (u.a. Harring et al. 2010; Brück

Tab. 6.2 Dimensionierung

Nähe	Freiwilligkeit	Konflikte	Reziprozität
Räumlicher Aspekt (vorrangig in der Kindheit) (vgl. Selman 1984, S. 154): Nah beieinander wohnen, in der gleichen Stadt, in der Nachbarschaft (vgl. Wagner 1991, S. 95 f.)	Beziehung „am Individuum orientiert" (Bamler et al. 2010, S. 151): „gegenseitige Wahl" (Bamler et al. 2010, S. 151)	Streit gleichzeitig konstitutives und „disruptives Element" (Krappmann 2010, S. 207)	Prinzip in einer Freundschaft (vgl. Youniss 1982): symmetrische Beziehungsstruktur; „Balance von Geben und Nehmen" (Oswald 2008, S. 258)
Intimität und emotionaler Aspekt (v. a. in der Jugend und im Erwachsenenalter) (vgl. Rubin 1981, S. 67): sich öffnen, „ohne Befangenheit in Beziehung … treten" (Rubin 1981, S. 67), eigene Belange und Bedürfnisse teilen (vgl. Selman 1984)	Möglichkeit zu beenden (vgl. Rohlfs 2010, S. 67)	Gründe verändern sich mit dem Alter und der Freundschaft (vgl. Selman 1984), z. B. von einer Einseitigkeit in der Verursachung zu einer Beidseitigkeit, sowie von außen verursacht zu innerhalb der Beziehung oder einer der Freund*innen entstanden (vgl. Selman 1984)	„Sichtweisen und Vorhaben wechselseitig … koordinieren" (Krappmann 2010, S. 189), Aushandlung von Standpunkten (vgl. von Salisch 1991, S. 2)
Entstehungsbedingung (vgl. Selman 1984): ermöglicht in Kontakt zu treten (sowohl räumlich als auch durch Interessen)	„Risiko einer schnellen Beendigung" (Rohlfs 2010, S. 67): erfordert Investition, Aushandlung von Kompromissen (vgl. Rohlfs 2010)	Lösungsstrategien: wie wird mit Streit umgegangen (vgl. Selman 1984, S. 117); relevant für die Aufrechterhaltung (vgl. Selman 1984, S. 117)	Ausgleich von Interaktionen: „zwei Personen [können, N.B., C.T.] gleichartige Handlungen zu einer Interaktion beitragen" (Youniss 1982, S. 79), müssen in Inhalt und Qualität nicht deckungsgleich sein (vgl. Altmann 2010, S. 106)

(Fortsetzung)

Tab. 6.2 (Fortsetzung)

Nähe	Freiwilligkeit	Konflikte	Reziprozität
Entwicklungsbedingung (vgl. Rubin 1981; Krappmann 2002; Rohlfs 2010): notwendig für die Aufrechterhaltung der Beziehung	„selbstgewählte Beziehung" (Keller 1996, S. 37): Entscheidung auch, ob Freundschaft eingegangen wird	Im Streit kann eine „Anpassung der Beziehung an veränderte Bedürfnisse" (Wiertz 2020, S. 80) erfolgen, Beziehung ist dynamisch (vgl. Wiertz 2020, S. 80)	Anvertrauen persönlicher Belange reziprok (vgl. Altmann 2010, S. 107); „Wechselseitigkeit der Beziehung" (Youniss 1982, S. 105)

2019). Gehört Lernen zu einer Freundschaft dazu? Beschreibt Lernen eine Freundschaft näher? Dies können wir aufgrund unserer Recherche bejahen. Folgt Lernen aus einer Freundschaft? Die Frage ist etwas schwieriger eindeutig zu beantworten: Da in Freundschaften soziales Lernen geschieht, können wir annehmen, dass zumindest Gelerntes eine Folge von Freundschaft ist und wir dieses auch in anderen Kontexten nutzen können. Beeinflusst Lernen eine Freundschaft? Wenn wir uns die gemeinsame Konstruktion von Wissen (vgl. Youniss 1982, S. 80 ff.) anschauen, ist dies zutreffend. Allerdings handelt es sich hierbei mehr um ein Freundschaft innewohnendes Merkmal, das diese beeinflusst und weniger um einem Einflussfaktor, der außerhalb von Freundschaft liegt wie beispielsweise Alter oder Geschlecht. Lernen können wir demnach als eine Eigenschaft von Freundschaft auffassen. ◄

Die Auswahl der Dimensionen erfolgt in der Regel durch den Austausch und die Diskussion unter den forschenden Personen. Welche Merkmale dabei als relevant erachtet werden, ist interpretativ. Andere Forscher*innen könnten zu anderen Dimensionen oder zu mehr oder zu weniger Dimensionen kommen. Gegenstand der Diskussion ist hier aufgrund der Breite der recherchierten Literatur ebenso, welche Aussagen aus den Quellen zu beispielsweise Nähe oder Reziprozität, obwohl sie sich auf andere Altersstufen (wie beispielsweise Kinder) beziehen, dennoch für relevant erachtet werden und von denen angenommen werden kann, dass sie sich auch auf andere Altersgruppen übertragen lassen. Die Auswahl der Dimensionen sollte stets literaturbasiert erfolgen. Zwar können Aspekte aus den Alltagsdefinitionen einfließen, jedoch nur, wenn sie auch in der wissenschaftlichen Literatur aufgeführt und dargelegt werden. Wir achten in unserer Diskussion zur Auswahl darauf, welche Eigenschaften besonders häufig genannt werden (siehe Kap. 1), welche Eigenschaften für Freundschaft in unserer Stichprobe besonders relevant sind und welche Eigenschaften sich sowohl in einem alltäglichen Verständnis als auch in bisherigen Studien finden, schließlich handelt es sich bei Freundschaft um eine im Alltag relevante Beziehung. Aufgrund dieser Diskussion kommen wir zu den Dimensionen Nähe, Freiwilligkeit, Konflikte und Reziprozität, welche wir auf Basis der Systematisierung näher definieren. Die Dimensionierung sollte schriftlich festgehalten werden, am besten eignet sich hierzu eine tabellarische Auflistung der Dimensionen und ihrer Aspekte (siehe Tab. 6.2). Zur näheren Definition der Dimensionen ziehen wir erneut die recherchierte Literatur heran und durchsuchen diese nach näheren Beschreibungen der entsprechenden Dimension und fügen diese Passagen (sinngemäß) in unsere Tabelle ein, sodass wir jede Dimension durch verschiedene Aspekte näher definieren können. Zudem ergänzen wir, was mit dem entsprechenden Aspekt gemeint ist – beispielsweise ergänzen wir bei der Dimension Nähe und dem räumlichen Aspekt, dass unter räumlicher Nähe beispielsweise nah beieinander wohnen zu verstehen ist. Alle Aspekte und ihre Definitionen sind literaturbasiert.

Schritt 1.6:
Abschließend erstellen wir für jede Dimension eine Nominaldefinition. Diese entspricht einer Zusammenfassung, was unter der Dimension zu verstehen ist.

> **Beispiel**
> Nominaldefinition für die Dimension Nähe: Nähe als Eigenschaft von Freundschaft bezieht sich sowohl auf d ie räumliche Entfernung als auch auf die Emotionalität und Intimität in einer Freundschaft. Nähe ist in beiden Hinsichten sowohl für die Entstehung als auch für die Aufrechterhaltung einer Freundschaft von Bedeutung. ◀

Wir haben die Konzeptspezifikation bzw. die jeweiligen Schritte hier sehr ausführlich dargestellt, um zu verdeutlichen, wie zentral es ist, darzulegen, auf welcher theoretischen und empirischen Basis unsere Operationalisierung fußt. In einer solchen Ausführlichkeit ist dies sicher nicht immer notwendig. Hat man bereits einige Operationalisierungen zu verschiedenen Konstrukten durchgeführt und Erfahrung oder ist bereits Wissen zum Konstrukt, das man messen möchte, vorhanden, dann lässt sich die Operationalisierung an manchen Stellen auch abkürzen – beispielsweise im Hinblick auf die Verschriftlichung bei der Systematisierung oder in Bezug auf Schritt 1.1 bei der Materialsammlung. Damit ist jedoch keinesfalls gemeint, dass es in diesen Fällen nicht notwendig wäre, sorgfältig das Konstrukt zu spezifizieren. Eine genaue und gründliche Konzeptspezifikation bleibt die Grundlage für jeden weiteren Schritt der Operationalisierung (und der Testkonstruktion insgesamt).

6.2 Schritt 2 und 3: Festlegung der Indikatoren und des Messinstruments

▶ Nachdem wir unser Konstrukt Freundschaft ausführlich definiert haben, geht es nun darum zu überlegen, wie wir dieses am besten messen können. Im Folgenden klären wir, was wir eigentlich genau wissen wollen und wie wir dies herausfinden können. Wir bestimmen die (Art der) Indikatoren und damit einhergehend legen wir auch fest, was unser Messinstrument ist.

Zwar wissen wir, dass wir Freundschaft erheben und herausfinden wollen, woraus sich Freundschaft zusammensetzt, aber was genau wollen wir dabei eigentlich wissen? Uns geht es um Einstellungen und Meinungen, die andere über Freundschaft haben, um so herauszufinden, was unter Freundschaft zu verstehen ist. Wir können uns dies wie ein Puzzle vorstellen, das im Ganzen Freundschaft darstellt – ein Puzzleteil entspricht den Einstellungen oder Vorstellungen der Proband*innen zu einer Frage und erst alle Puzzleteile ermöglichen das Gesamtbild. Wenn wir Meinungen oder Einstellungen zu etwas erheben, ist die geeignetste Form die Befragung (vgl. Burzan 2015, S. 93). Hierzu sind verschiedene formale bzw. forschungspraktische Entscheidungen zu treffen. Soll die Befragung mündlich oder schriftlich durchgeführt werden? Wie viele Ressourcen stehen hierzu zur Verfügung? Eine mündliche Befragung – sowohl telefonisch als auch Face-to-Face – erfordert sehr viel Zeit (vgl. Burzan 2015, S. 94). Neben der Akquise müssen Termine vereinbart und ggfs. verschoben werden. Bei einer Face-to-Face-Befragung müssen Räumlichkeiten zur Verfügung stehen, in denen diese durchgeführt werden kann. Nicht zuletzt muss die Zeit dafür vorhanden sein, die Befragungen durchzuführen oder es müssen finanzielle Ressourcen vorhanden sein, um Interviewer*innen einzusetzen. Diese müssen vorher allerdings geschult werden. Je größer unsere Stichprobe sein soll, desto höher ist der zeitliche und der finanzielle Aufwand. Bei 500 Proband*innen und einer Interviewdauer von 25 min ergeben sich alleine knapp 208 h reine Interviewzeit. Diese Aspekte fallen bei einer schriftlichen Befragung weg, auch wenn hier die Rücklaufquote meist geringer ist (vgl. Burzan 2015, S. 95). Wir entscheiden uns aufgrund der Kosten und der Zeit für eine schriftliche Befragung. Um die Rücklaufquote zu erhöhen, wählen wir eine Online-Befragung – über die Kombination aus einer zufallsgesteuerten Stichprobe und einer nicht zufallsgesteuerten wie der Schneeballauswahl könnten wir hier mehr Personen erreichen, da der Link schneller weitergeleitet ist, als uns beispielsweise anzufragen, ob man auch an der Studie teilnehmen könne. Wir weisen hier nochmal darauf hin, dass in der

6.2 Schritt 2 und 3: Festlegung der Indikatoren ...

Operationalisierung noch keine Stichprobenziehung erfolgt, sondern lediglich die Planung und Vorüberlegungen. Je nach Programm entstehen zwar auch für eine Online-Erhebung Kosten, diese sind aber in der Regel geringer (ebenso der zeitliche Aufwand) als der Ausdruck und Versand von Fragebögen. Das Programm SoSci Survey stellt hier eine gute Option dar.

Wir haben uns also dafür entschieden, dass die Antworten von Proband*innen auf Fragen die geeignetsten Indikatoren darstellen. Anhand verschiedener forschungspraktischer Argumente haben wir uns für einen Fragebogen entschieden.

An dieser Stelle sind jedoch auch verschiedene relevante theoretische Entscheidungen (vgl. Döring und Bortz 2016, S. 228 ff.) zu treffen, auf die wir bereits in Kap. 1 eingegangen sind. Einerseits ist zu klären, ob wir mittels Einzelindikatoren oder mehrerer Indikatoren erheben. Aufgrund unserer Konzeptspezifikation lässt sich nicht annehmen, dass die Messung über Einzelindikatoren zielführend für unsere Forschungsfrage ist. Da die Konzeptspezifikation gezeigt hat, dass es sich um ein eher komplexes Konstrukt handelt, erheben wir Freundschaft mit mehreren Indikatoren, um die einzelnen Aspekte abbilden zu können. Zudem erhöht eine Messung mit mehreren Indikatoren die Reliabilität (vgl. Döring und Bortz 2016, S. 229). Andererseits müssen wir uns entscheiden, ob wir unsere Indikatoren als ursächlich für unser Konstrukt auffassen oder als Wirkung unseres Konstrukts (vgl. Döring und Bortz 2016, S. 229 f.). Im ersten Fall handelt es sich um ein formatives Messmodell, im zweiten Fall um reflektives (vgl. Döring und Bortz 2016, S. 229 f.). Wir gehen hier davon aus, dass die Indikatoren die Wirkung des Konstrukts darstellen und nicht die Ursachen für unser Konstrukt. Stimmen beispielsweise Personen der Aussage zu, dass es wichtig sei, sich einmal pro Woche persönlich zu treffen, dann liegt das daran, dass für sie räumliche Nähe in einer Freundschaft von Bedeutung ist – weil man befreundet ist, trifft man sich einmal wöchentlich. Die Zustimmung bedeutet also nicht, dass durch ein persönliches Treffen in der Woche Freundschaft entsteht (Index).

Nachdem wir uns also für geeignete Indikatoren und damit korrespondierend für ein Messinstrument entschieden haben, formulieren wir eine operationale Definition, die angibt, was (Konstrukt mit den Bestandteilen) wir wie (Messinstrument) messen.

> **Beispiel**
>
> Operationale Definition: Freundschaft ist eine freiwillige und wechselseitige Beziehung zwischen zwei Personen, die sich nahe stehen, sich aber auch streiten. Freundschaft wird durch die schriftlichen Antworten von Proband*innen auf Aussagen in einem Fragebogen gemessen. ◄

6.3 Schritt 4: Itemkonstruktion

▶ Wir haben zur Messung unseres Konstrukts die relevanten Grundlagen gelegt. Im Folgenden geht es nun darum, die Aussagen und das Antwortformat zu konstruieren, mit denen wir messen. Hierzu werden zunächst messtheoretische Entscheidungen getroffen, die wir bei der (inhaltlichen) Entwicklung der Aussagen neben formalen Aspekten berücksichtigen müssen.

Nachdem wir festgelegt haben, dass für unsere Forschungsfrage Items in einem Fragebogen die geeignetsten Indikatoren darstellen und wir von einem reflektiven Messmodell ausgehen, konstruieren wir im nächsten Schritt Aussagen und Antwortformate. Wir unterteilen die Itemkonstruktionen in der Darstellung hier in zwei Schritte – in die Festlegung des Antwortformats und die Formulierung der Aussagen. Hierzu müssen wir zunächst – wie in Kap. 1 beschrieben – mehrere messtheoretisch begründete Entscheidungen treffen sowie messtheoretische und formale Aspekte bei der Formulierung berücksichtigen. Wir haben hier in Bezug auf die Aussagen unter anderem auf die Eindeutigkeit, die Kürze, Prägnanz, Vermeidung von Suggestion oder Verallgemeinerung sowie auf eine angemessene Sprache in Bezug auf die Stichprobe hingewiesen, die es bei der Formulierung zu beachten gilt. Des Weiteren haben wir angeführt, dass wir in der Regel sowohl für die Aussagen als auch die Antworten geschlossene bzw. gebundene Formate verwenden. Ein geschlossenes Format hat sowohl aufseiten der befragten Personen als auch auf der Seite der Forschenden Vorteile. Die Beantwortung einer solchen Frage fällt deutlich leichter, weil die Antwort lediglich angekreuzt (vgl. Steiner und Benesch 2021, S. 49) und nicht eigenständig ausformuliert werden muss. Letzteres kann Proband*innen in ihrer Antwort hemmen, falls das „Verbalisierungsvermögen nicht sehr stark ausgeprägt ist" (Steiner und Benesch 2021, S. 49), oder auch die bisherige Auseinandersetzung mit dem Thema nicht sehr groß war. Dies wiederum kann zu einer längeren Bearbeitung des Fragebogens und demzufolge möglicherweise zum Abbruch des Fragebogens führen. Dies hängt auch mit der Motivation der Proband*innen zusammen – Steiner und Benesch (2021, S. 49) führen an, dass „Personen eher bereit [sind, N.B., C.T.], vorgefertigte Kategorien zu beantworten, als selbst Antworten zu verbalisieren und sich Gedanken zu machen". Seitens der Forscher*innen erfordern offene Antworten eine aufwendige Kategorienbildung (vgl. Steiner und Benesch 2021, S. 53), schließlich müssen die einzelnen Antworten – ähnlich wie bei einer skalierenden Strukturierung (vgl. Mayring 2015, S. 106 ff.) oder evaluativen

6.3 Schritt 4: Itemkonstruktion

Inhaltsanalyse (vgl. Kuckartz 2014, S. 98 ff.) – codiert[8] werden, damit den verschiedenen Kategorien hinterher Zahlen zugeordnet werden können. Daraus ergibt sich auch der Vorteil gebundener Formate für Forscher*innen: Die Antworten müssen nicht codiert werden (vgl. Steiner und Benesch 2021, S. 53), bei einer numerischen Beschriftung können sie direkt ausgewertet werden, bei einer verbalen Beschriftung müssen den verbalen Skalenpunkten vorher Zahlen zugeordnet werden.

Schritt 4.1:
Da dichotome Antworten kaum Differenzierung und Analogskalen zu viel ermöglichen (vgl. Steiner und Benesch 2021, S. 52 u. S. 58), entscheiden wir uns für eine Ratingskala, mit der wir auf Intervallskalenniveau messen. Für diese ist zu klären, ob sie (1) unipolar oder bipolar ist, (2) eine gerade oder ungerade Anzahl an Abstufungen hat, (3) wie viele Abstufungen sie enthält sowie (4) ob diese verbal oder numerisch beschriftet sind (vgl. Steiner und Benesch 2021, S. 55 ff.; Franzen 2019, S. 844). Wir entscheiden uns für eine unipolare Skala, da diese nur in eine Richtung verläuft (vgl. Steiner und Benesch 2021, S. 55) und leichter zu beantworten ist (vgl. Franzen 2019, S. 849). Da wir die Option der Mitte haben möchten, entscheiden wir uns für eine ungerade Anzahl an Abstufungen.[9] Entsprechend der Regel „sieben plus/minus zwei" (Franzen 2019, S. 851), wählen wir fünf Abstufungen, da uns die Differenzierung von fünf Antwortmöglichkeiten als ausreichend erscheint und eine „Überforderung der Testperson" (Steiner und Benesch 2021, S. 56) vermieden wird.[10] Die Skalenpunkte beschriften wir verbal und numerisch (positiv), um die Interpretationsmöglichkeiten gering und die Abstände zwischen den Skalenpunkten so gleichmäßig wie möglich zu halten (vgl. Franzen 2019, S. 850; Steiner und Benesch 2021, S. 57). Franzen (2019, S. 849) führt als Beispiel für eine verbale Beschriftung mit gleich großen

---

[8] Steiner und Benesch (2021, S. 53) nennen diesen Prozess Signierung. Den Begriff Kodierung verwenden sie nicht für die Kategorienbildung, sondern für die Zuordnung der Zahlen zu verbal beschrifteten Antwortmöglichkeiten bei gebundenen Antwortformaten (vgl. Steiner und Benesch 2021, S. 70).

[9] Die Mitte einer Skala wird in der Literatur unterschiedlich diskutiert – es gibt Argumente dagegen, z. B. dass Personen die Mitte nutzen, wenn sie „zum Thema keine Meinung haben" (Franzen 2019, S. 848), und Argumente dafür, wie dass die Tendenz Items zuzustimmen so umgangen wird (vgl. Franzen 2019, S. 848). „Empirisch sprechen die Ergebnisse eher für ungerade Skalen" (Franzen 2019, S. 848).

[10] Franzen (2019, S. 848) führt zudem an, dass für die Messung mit mehreren Items „in der Regel fünfstufige Antwortskalen" ausreichend seien.

Abständen an, die wir leicht modifiziert übernehmen: Stimme voll und ganz zu, stimme eher zu, stimme teilweise zu, stimme eher nicht zu, stimme gar/überhaupt nicht zu. Wir verwenden für alle Aussagen das gleiche Antwortformat (siehe auch Franzen 2019, S. 850 f.). Darüber hinaus wollen wir diese fünfstufige unipolare Ratingskala als Likert-Skala[11] konstruieren.[12] In Kap. 4 haben wir angeführt, dass eine größere Menge an Items als letztendlich in die finale Skala eingehen, konstruiert werden sollte. Wir orientieren uns hier an der Angabe von Häder (2019, S. 101) und konstruieren die vierfache Menge. In unseren endgültigen Fragebogen sollen ca. 40 Items eingehen, demnach müssen wir 160 konstruieren. Für jede Dimension sollte die gleiche Anzahl an Items formuliert werden[13] – bei 4 Dimensionen müssen wir also 40 Items pro Dimension konstruieren. Wir führen im Folgenden beispielhaft einige Items der Dimension Nähe auf.

Schritt 4.2:
Nachdem wir alle notwendigen Entscheidungen begründet getroffen und das Antwortformat festgelegt haben, gehen wir – unter Beachtung der formalen Aspekte – zur Formulierung der Aussagen über und kommen damit zu einem weiteren interpretativen Schritt innerhalb der Operationalisierung. Es geht nun darum, die in Schritt 1.4 spezifizierten Dimensionen wieder zur Hand zu nehmen und von den bei jeder Dimension einzelnen angeführten theoretischen Aspekten (Definitionen) ausgehend Aussagen zu formulieren. Basierend auf unserer Erfahrung in den Seminaren lassen sich aus einem Punkt – je nach inhaltlichem Gehalt – 2–6 Aussagen formulieren. Je öfter man diesen Prozess durchläuft und Erfahrung mit der Itemkonstruktion sammelt, desto eher bekommt man ein Gefühl dafür, ob schon wenige Aussagen genügen könnten. Anfänger*innen empfehlen wir lieber mehrere Aussagen zu formulieren und diese dann miteinander zu vergleichen, um dann die besten auszuwählen. Mehr als sechs

---

[11] Eine Ratingskala ist nicht automatisch eine Likert-Skala. Eine Ratingskala ist zunächst jede Skala, bei der die Antworten mehr als zwei Abstufungen aufweisen (vgl. Steiner und Benesch 2021, S. 54). Wenn kein Verfahren zur Konstruktion der Skala (zur Zusammenstellung und Strukturierung der Items) angewendet wird, d. h. es sich um eine willkürliche Zusammenstellung der Items handelt, spricht man von einer Ad-hoc-Skala (vgl. Döring und Bortz 2016, S. 270).

[12] Wie bereits in Kap. 4 geschildert, gehören die Schritte 3–5 der Konstruktion einer Likert-Skala nicht mehr zur Operationalisierung, sondern zur Testkonstruktion – wir gehen hierauf im folgenden Kapitel (7) ein.

[13] Es handelt sich auch hierbei um eine Konvention, die wir übernommen haben und empfehlen zu verwenden.

6.3 Schritt 4: Itemkonstruktion

Tab. 6.3 Aussagen zur Dimension Nähe – eigene Konstruktion basierend auf unserer Konzeptspezifikation

Definitionen Dimension Nähe	Aussagen
Räumlicher Aspekt (vorrangig in der Kindheit) (vgl. Selman 1984, S. 154): Nah beieinander wohnen, in der gleichen Stadt, in der Nachbarschaft (vgl. Wagner 1991, S. 95 f.)	Sich alle zwei bis drei Wochen persönlich zu treffen ist mir wichtig
	Gemeinsame Aktivitäten, spielen für mich eine große Rolle
	Es erleichtert mich, zu wissen, dass mein*e Freund*in nah bei mir wohnt
	Mich beruhigt es, dass er*sie vorbeikommen kann, wenn ich Hilfe benötige
	Eine kurze Distanz (max. 20 km) zwischen uns ist für mich wichtig
Intimität und emotionaler Aspekt (v. a. in der Jugend und im Erwachsenenalter) (vgl. Rubin 1981, S. 67): sich öffnen, „ohne Befangenheit in Beziehung … treten" (Rubin 1981), eigene Belange und Bedürfnisse teilen (vgl. Selman 1984)	Mir ist es wichtig, dass mein*e Freund*in etwas ihr Anvertrautes für sich behalten kann
	Geheimnisse zu teilen schafft Verbundenheit
	Meinem*meiner Freund*in gegenüber kann ich mich öffnen, auch in schwierigen Zeiten
	Ich möchte wissen, wie es meine*r Freund*in geht
	Es ist wichtig, dass sich jede*r einbringen kann
	Jede*r sollte äußern können, was er*sie braucht
Entstehungsbedingung (vgl. Selman 1984): ermöglicht in Kontakt zu treten (sowohl räumlich als auch durch Interessen)	Mein*e Freund*in habe ich bereits in der Schule kennengelernt
	Wir haben einen gemeinsamen Bekanntenkreis
	Wir haben ein gemeinsames Hobby

(Fortsetzung)

Tab. 6.3 (Fortsetzung)

Definitionen Dimension Nähe	Aussagen
Entwicklungsbedingung (vgl. Rubin 1981; Krappmann 2002; Rohlfs 2010): notwendig für die Aufrechterhaltung der Beziehung	Mein*e Freund*in ist für mich da, wenn ich sie*ihn brauche
	Für mich ist es wichtig, dass wir alle 3–4 Tage Kontakt halten (über soziale Medien, Telefon, Handy…)
	Wir haben mind. 2 gleiche Interessen
	Wir können über viele Themen miteinander sprechen
	Wir haben ähnliche Ansichten bei für mich wichtigen Themen
	Ich fühle mich meinem*meiner Freund*in verbunden

Tab. 6.4 Aussagen zur Dimension Nähe – Leicht modifiziert aus verschiedenen Studien entnommen

Intimität und emotionaler Aspekt	Die Freundschaft zu meinem*meiner Freund*in wird halten, egal, was passiert. (Reinders et al. 2006)
	Wir kennen einander sehr gut. (SINUS-Institut/YouGov 2018)
	Wir sind ehrlich zueinander. (SINUS-Institut/YouGov 2018)
Entwicklungsbedingung	Mir ist wichtig, dass mein*e Freund*in mich wirklich versteht. (ISSP 2001)
	Wir haben schon viel gemeinsam erlebt. (SINUS-Institut/YouGov 2018)

empfehlen sich in der Regel nicht, da diese sonst zu ähnlich messen und keine unterschiedlichen Aspekte abfragen. Wir beginnen mit der Dimension Nähe und überlegen zu jedem in der Tabelle angeführten Punkt, was damit gemeint sein könnte. Zum Beispiel könnten wir uns zu dem ersten angeführten Punkt (Räumlicher Aspekt) überlegen, dass räumliche Nähe darin besteht, dass man in der Nachbarschaft wohnt oder in der gleichen Stadt (wie es bereits als Erklärung in der Tabelle angeführt ist). Ebenso könnte damit gemeint sein, dass räumliche Nähe bedeutet, dass ein kurzfristiges Treffen möglich ist oder aufgrund der geringen Entfernung es möglich ist, schnell beieinander zu sein, wenn eine Person Hilfe benötigt – in Form von Trost, durch einen Krankenbesuch oder beim Aushelfen von Lebensmitteln. Zudem kann räumliche Nähe bedeuten, dass man sich persönlich treffen kann und dass man gemeinsam etwas unternehmen kann oder sich gegenseitig besuchen kann. Wir haben also verschiedene Assoziationen mit bzw. Ideen zu dem literaturbasierten Aspekt räumliche Nähe und dessen Definition – hierin zeigt sich der interpretative Anteil der Itemkonstruktion. Wir nutzen diese Assoziationen und Interpretationen, um einen theoretisch definierten Aspekt der Dimension zu übersetzen und formulieren Aussagen, die die befragten Personen raten können (siehe Tab. 6.3). Bei jedem Aspekt, den es zu übersetzen gilt, fragen wir uns: Was ist damit gemeint? Was verstehen wir darunter? Was kann der Aspekt bedeuten?

Wir ziehen ebenso Aussagen aus bisherigen Studien hinzu. Zuvor haben wir bereits die Studie von SINUS-Institut/YouGov (2018) genannt. Hier werden die folgenden Items aufgeführt: „Man ist ehrlich zueinander.", „Man kann über alles reden.", „Ich bin für den Menschen da, wenn er mich braucht.", „Dieser Mensch ist für mich da, wenn ich ihn brauche.", „Man kann sich gegenseitig Geheimnisse anvertrauen.", „Man kennt den anderen sehr gut.", „Man kann auch mitten in der Nacht anrufen, wenn man ihn braucht.", „Man hat schon viel gemeinsam erlebt.", „Man ist regelmäßig in Kontakt.", „Man hat viele gemeinsame Werte und Überzeugungen."[14] Einige der Items, die dort formuliert wurden, ähneln unseren bisherigen Items. Zudem erscheint uns ein Item zur Freundschaftsqualität, welches Reinders et al. (2006, S. 46) anführen, hilfreich: „Ich bin mir sicher, dass die Freundschaft zu meinem/er Freund/in halten wird. Egal, was passiert." Bei Leuschner und Schobin (2016, S. 67) finden wir den Hinweis auf das International Social Survey Programm (ISSP) von 2001, bei dem Freundschaft untersucht wurde. Im letzten Fragebogen zur Befragung „Social Networks und Social Ressources III" (2017)[15] finden wir keine brauchbaren Items für unser Vorhaben – die Items 1017 („Wie oft gehen Sie mit drei oder mehr Freunden oder Bekannten etwas essen oder trinken?") und 1018 („Wie häufig schließen Sie bei diesen Gelegenheiten neue Freundschaften?") beziehen sich auf die Entstehungsbedingung, diese haben wir aber mit unserem Item „Wir haben einen

---

[14] Die Items sind hier zu finden: https://yougov.de/news/2018/07/26/deutsche-haben-37-enge-freunde-offene-kommunikatio/ (17.02.2022).

[15] Der Fragebogen für Deutschland kann hier heruntergeladen werden: https://search.gesis.org/research_data/ZA6980 (17.02.2022).

gemeinsamen Bekanntenkreis" bereits abgedeckt. Im ISSP von 2001 (Social Networks II) beziehen sich die Fragen 15–20[16] auf räumliche Nähe und die Entstehungsbedingung, die wir inhaltlich bereits abgedeckt haben. Ein Item der Frage 30 („Bitte kreuzen Sie an, wie wichtig oder nicht wichtig folgende Aspekte für Sie bei engen Freunden sind.") ist für uns relevant: „Dass jemand mich wirklich versteht.". Von den angeführten Items aus anderen Studien übernehmen wir leicht modifiziert folgende (siehe Tab. 6.4):

Damit ist unsere Operationalisierung für das Konstrukt Freundschaft abgeschlossen. Im Anschluss würde es nun darum gehen, die Items zu testen (Pretest) und anschließend anhand verschiedener Verfahren (Kap. 8) zu überprüfen, wie die Operationalisierung verbessert werden kann, bevor wir die Hauptuntersuchung durchführen.

Fazit

Wir haben in diesem Kapitel dargestellt, wie eine Operationalisierung ablaufen kann, wenn es darum geht, ein einzelnes Konstrukt messbar zu machen. Die Operationalisierung einer anderen (und komplexeren) Fragestellung, in der es beispielsweise um das Bindungsverhalten in einer Paarbeziehung gehen würde, sähe etwas anders aus – hier wären es zwei Konstrukte, die definiert werden müssten. Zudem müsste der in Kap. 1 dargestellte Zusammenhang von abhängigen und unabhängigen Variablen berücksichtigt werden. Unsere Fragestellung hier war ‚einfacher', es ging uns darum, Freundschaft messbar zu machen. Dabei haben wir ausführlich dargestellt, welche Schritte es unserer Auffassung nach zu durchlaufen gilt – auch wenn die Darstellung der Schritte hier nur ausschnitthaft erfolgt ist. Inhaltlich würden andere Forscher*innen ggfs. zu einer anderen Systematisierung aufgrund anderer verwendeter Quellen, zu unterschiedlichen Dimensionen sowie zu anderen Items kommen – das gehört alles zum interpretativen Aspekt der Operationalisierung. Der Ablauf ändert sich jedoch nicht. Auch wenn je nach Erfahrung, vorhandenem Wissen oder bereits durchgeführten Studien der Prozess an einigen Stellen abgekürzt (nicht auf Kosten der Sorgfältigkeit) werden kann. Begonnen haben wir mit der Spezifikation von Freundschaft, die wir in insgesamt sechs Schritte unterteilt haben. Anschließend haben wir die Indikatoren (schriftliche Antworten auf Aussagen) und damit einhergehend das Messinstrument (Fragebogen) bestimmt. Entsprechend haben wir im vierten Schritt der Operationalisierung die Items

---

[16] Den Fragebogen für Deutschland finden Sie hier: https://search.gesis.org/research_data/ ZA3680 (17.02.2022).

basierend auf unserer Konzeptspezifikation konstruiert – hierzu haben wir eigene entwickelt und Items aus der Literatur entnommen.

> **Fragen zur Reflexion**
>
> - Suchen Sie sich ein Konstrukt aus, das Sie interessiert und recherchieren Sie nach 3 geeigneten Quellen und spezifizieren anhand dessen Ihr Konstrukt.
> - Überlegen Sie sich zu Ihren Dimensionen jeweils 5 Items.
> - Gab es etwas, das Ihnen schwergefallen ist?
> - Was ist Ihnen leichtgefallen?
> - Was würden Sie beim nächsten Mal anders machen?

Literatur

Verwendete Literatur

Altmann, U. (2010). Beziehungsregulation in Kinderfreundschaften – eine Prozessstudie zu Geschlechterunterschieden. In M. Harring, O. Böhm-Kasper, C. Rohlfs & C. Palentien (Hrsg.), *Freundschaften, Cliquen und Jugendkulturen. Peers als Bildungs- und Sozialisationsinstanzen* (S. 105–122). Wiesbaden: VS.

Bamler, V., Werner, J., & Wustmann, C. (2010). *Lehrbuch Kindheitsforschung. Grundlagen, Zugänge und Methoden*. Weinheim & München: Juventa.

Brück, N. (2019). *Geschwisterbeziehungen und Freundschaften. Kindliche Beziehungen als Entwicklungskontexte für Moral*. Wiesbaden: VS.

Burzan, N. (2015). *Quantitative Methoden kompakt*. Konstanz & München: UVK.

Döring, N., & Bortz, J. (2016). *Forschungsmethoden und Evaluation in den Sozial- und Humanwissenschaften*. 5., vollst. überarb., aktual. u. erw. Aufl.. Berlin & Heidelberg: Springer.

Franzen, Axel (2019): Antwortskalen in standardisierten Befragungen. In N. Baur & J. Blasius (Hrsg.), *Handbuch Methoden der empirischen Sozialforschung* (S. 843–854). 2., vollst. überarb. u. erw. Aufl.. Wiesbaden: VS.

Harring, M., Böhm-Kasper, O., Rohlfs, C., & Palentien, C. (Hrsg.) (2010). *Freundschaften, Cliquen und Jugendkulturen. Peers als Bildungs- und Sozialisationsinstanzen*. Wiesbaden: VS.

Häder, M. (2019). *Empirische Sozialforschung. Eine Einführung*. 4. Aufl.. Wiesbaden: VS.

Keller, M. (1996). *Moralische Sensibilität. Entwicklung in Freundschaft und Familie*. Weinheim: Beltz Psychologie Verlags Union.

Krappmann, L. (2002). Kinder und ihre Freunde. In LBS-Initiative Junge Familie (Hrsg.): *Kindheit 2001. Das LBS-Kinderbarometer. Was Kinder wünschen, hoffen und befürchten* (S. 257–274). Opladen: Leske + Budrich.

Krappmann, L. (2010). Prozesse kindlicher Persönlichkeitsentwicklung im Kontext von Gleichaltrigenbeziehungen. In M. Harring, O. Böhm-Kasper, C. Rohlfs & C. Palentien (Hrsg.), *Freundschaften, Cliquen und Jugendkulturen. Peers als Bildungs- und Sozialisationsinstanzen* (S. 187–222). Wiesbaden: VS.

Kuckartz, U. (2014). *Qualitative Inhaltsanalyse. Methoden, Praxis, Computerunterstützung.* 2., durchges. Aufl.. Weinheim & Basel: Beltz Juventa.

Leuschner, V., & Schobin, J. (2016). Methoden der Freundschaftsforschung. In J. Schobin, V. Leuschner, S. Flick, E. Alleweldt, E. A. Heuser & A. Brandt (Hrsg.), *Freundschaft heute. Eine Einführung in die Freundschaftssoziologie* (S. 55–69). Bielefeld: transcript.

Mayring, P. (2015). *Qualitative Inhaltsanalyse. Grundlagen und Techniken.* 12., überarb. Aufl.. Weinheim & Basel: Beltz.

Oswald, H. (2008). Freundschaft als Kontext der Identitätsentwicklung. In M. S. Baader, J. Bilstein & C. Wulf (Hrsg.). *Die Kultur der Freundschaft. Praxen und Semantiken in anthropologisch-pädagogischer Perspektive* (S. 252–265). Weinheim & Basel: Beltz.

Reinders, H., Greb, K., Grimm, C. (2006). Entstehung, Gestalt und Auswirkungen interethnischer Freundschaften im Jugendalter. Eine Längsschnittstudie. *Diskurs Kindheits- und Jugendforschung.* Jg. 1 Heft 1, 39–57.

Rohlfs, C. (2010): Freundschaft und Zugehörigkeit – Grundbedürfnis, Entwicklungsaufgabe und Herausforderung für die Schulpädagogik. In M. Harring, O. Böhm-Kasper, C. Rohlfs & C. Palentien (Hrsg.), *Freundschaften, Cliquen und Jugendkulturen. Peers als Bildungs- und Sozialisationsinstanzen* (S. 61–71). Wiesbaden: VS.

Rubin, Z. (1981). *Kinderfreundschaften.* Stuttgart: Klett-Cotta.

Selman, R. L. (1984). *Die Entwicklung des sozialen Verstehens. Entwicklungspsychologische und klinische Untersuchungen.* Frankfurt a. M.: Suhrkamp.

Steiner, E., & Benesch, M. (2021). *Der Fragebogen. Von der Forschungsidee zur SPSS-Auswertung.* 6., aktual. u. überarb. Aufl.. Wien: facultas.

Von Salisch, M. (1991). *Kinderfreundschaften. Emotionale Kommunikation im Konflikt.* Göttingen: Hogrefe.

Von Salisch, M., Lüpschen, N., & Kanevski, R. (2013): Wer hat Freundschaften und wer verliert sie? – Notwendige sozial-emotionale Kompetenzen im frühen Jugendalter. *Praxis der Kinderpsychologie und Kinderpsychiatrie. Ergebnisse aus Psychotherapie, Beratung und Psychiatrie,* Jg. 62, Heft 3, 179–196.

Wagner, J. W. L. (1991). *Freundschaften und Freundschaftsverständnis bei drei- bis zwölfjährigen Kindern. Sozial- und entwicklungspsychologische Aspekte.* Berlin & Heidelberg: Springer.

Wiertz, S. (2020). *Freundschaft.* Berlin & Boston: De Gruyter.

Youniss, J. (1982). Die Entwicklung und Funktion von Freundschaftsbeziehungen. In W. Edelstein & M. Keller (Hrsg.). *Perspektivität und Interpretation. Beiträge zur Entwicklung des sozialen Verstehens* (S. 78–109). Frankfurt a. M.: Suhrkamp.

Online Quellen

A., A. (o. J.). *Freundschaft*, URL: https://www.spektrum.de/lexikon/psychologie/freundschaft/5328 (24.02.2022).

Caspers, R. u. a. (2022): *Zeichen der Freundschaft*, URL: https://kinder.wdr.de/tv/wissenmacht-ah/av/video-zeichen-der-freundschaft-102.html (24.02.2022).

International Social Survey Programme (ISSP) (2001). Social Relations and Support Systems, Fragebogen verfügbar unter URL: https://search.gesis.org/research_data/ZA3680 (24.02.2022).

International Social Survey Programme (ISSP) (2017). Social Networks and Social Resources, Fragebogen verfügbar unter URL: https://search.gesis.org/research_data/ZA6980 (24.02.2022).

Lohaus, A. & Vierhaus, M. (o. J.). *Video ‚Interviews zu Freundschaften'*. Zusatzmaterial zum Lehrbuch Lohaus, A. & Vierhaus, M. (2019). Entwicklungspsychologie des Kindes- und Jugendalters für Bachelor. 4., vollst. überarb. Aufl.. Wiesbaden: VS., URL: https://lehrbuch-psychologie.springer.com/videos/437 (24.02.2022).

Schneider, P. (2018). *Deutsche haben 3,7 enge Freunde – Offene Kommunikation und Fürsorge in einer Freundschaft am wichtig*, URL: https://yougov.de/news/2018/07/26/deutsche-haben-37-enge-freunde-offene-kommunikatio/ (24.02.2022). Umfrage SINUS-Institut/YouGov.

Schumann, S. (2020). *Was ist Freundschaft? Merkmale und Definition*, URL: https://www.brigitte.de/liebe/beziehung/was-ist-freundschaft--merkmale-und-definition-11739990.html (24.02.2022).

Statista Research Department (2018): *Was ist in einer Freundschaft besonders wichtig?* URL: https://de.statista.com/statistik/daten/studie/887096/umfrage/umfrage-in-deutschland-zu-den-wichtigsten-werten-in-einer-freundschaft/ (24.02.2022).

Analyseverfahren zur Fehlerfindung und Verbesserung von Operationalisierungen

7

Zusammenfassung

Im Anschluss an die Operationalisierung ist es notwendig, diese im Hinblick auf ihre Güte und Qualität empirisch zu überprüfen. Nachdem wir im vorigen Kapitel am Konstrukt Freundschaft exemplarisch dargestellt haben, wie eine Operationalisierung abläuft, werden wir im Folgenden beispielhaft darlegen, wie die theoretisch erfolgte Operationalisierung empirisch verbessert werden kann. Die hierzu notwendigen Verfahren haben wir in den vorangegangenen Kapiteln bereits angerissen – die Faktorenanalyse und die Reliabilitätsanalyse. Zunächst werden wir die Verfahren beschreiben und anschließend beispielhaft anhand eines Datensatzes zum Konstrukt Persönlichkeit aufzeigen, wie eine Operationalisierung mithilfe der beiden Verfahren verbessert werden kann.

7.1 Faktorenanalyse

▶ Im ersten Schritt nach der Erhebung eines Pretests erfolgt zunächst eine Faktorenanalyse. Diese hat den Sinn, Strukturen, die dem Variablenset zugrunde liegen, zu identifizieren. Damit einher geht einerseits eine Reduktion des Datensatzes um nicht passende Variablen und andererseits nach der Bereinigung die Bildung empirisch fundierter Dimensionen (= Faktoren) einher.

Eine Faktorenanalyse verfolgt nach Backhaus et al. (2021, S. 414) zwei Ziele: „1. Reduktion einer großen Anzahl von korrelierenden Variablen auf eine geringere Anzahl von Faktoren" und „2. Strukturierung der Daten mit dem Ziel, Abhängigkeiten zwischen korrelierenden Variablen zu erkennen und diese auf gemeinsame Ursachen (Faktoren) zu untersuchen, um auf dieser Basis ein neues Konstrukt (Faktor) zu generieren."[1]

Da wir mit diesem Buch vor allem eine Systematisierung bzw. eine systematische Darstellung einer Operationalisierung erreichen wollen, beginnen wir zunächst damit, den Schritt der Verbesserung (chronologisch) einzuordnen. Bei der Verbesserung der Operationalisierung bewegen wir uns im Bereich der Skalenbildung. Es geht uns also darum, eine Skala zu bilden, in unserem Fall eine Likert-Skala. Wir sind darauf bereits in Kap. 4 eingegangen und haben hier in Anlehnung an Kuckartz et al. (2013, S. 244 ff.) bei der Konstruktion einer solchen Skala fünf Schritte angeführt. Im vorangegangenen Kap. 6 haben wir in unserer beispielhaften Operationalisierung bei der Itemkonstruktion bereits Schritt 1 und 2 durchlaufen – die Sammlung von Items und die Formulierung invertierter Items (in unserem Fall haben wir uns dagegen entschieden). Was wir also bisher ohne die Erhebung eigener Daten gemacht haben – unsere gesamte theoretische Vorarbeit – fällt in die Operationalisierung. Ab dem in Kap. 4 angeführten dritten Schritt (Pretest) der Skalenbildung – sobald wir Daten erhoben haben – befinden wir uns nicht mehr im Bereich der Operationalisierung, sondern im Bereich der Test- bzw. Fragebogenkonstruktion. Mit der Verbesserung der Operationalisierung befassen wir uns im vierten Schritt der Skalenbildung (siehe Kap. 4; Kuckartz et al. 2013, S. 246 ff.) – der Item- und Reliabilitätsanalyse. Es geht nun darum, anhand der empirischen Daten unsere theoretisch erfolgte Operationalisierung zu überprüfen. Wie in Kap. 4 angeführt[2], analysieren

---

[1] Damit ist nicht nur eine geringere Anzahl an Faktoren als Variablen gemeint: „Die Faktorenanalyse ist bestrebt, die Beziehungen zwischen den durch die Korrelationen gemessenen Variablen mit einer möglichst geringen Anzahl an Dimensionen zu reproduzieren." (Backhaus et al. 2021, S. 428)

[2] Wir hatten hier zwei Varianten beschrieben: Die Faktorenanalyse wird im Anschluss an die Reliabilitätsanalyse berechnet (vgl. Häder 2019, S. 104) oder vor der Reliabilitätsanalyse (vgl. Kuckartz et al. 2013, S. 246; Döring und Bortz 2016, S. 467). Wir haben uns für die zweite Variante entschieden, da uns diese praktikabler erscheint – die Entfernung unpassender Items aus dem Variablenset anhand der MSAs ist deutlich effizienter als ggfs. – wenn kein Cronbachs Alpha ausgegeben wird – anhand der riesigen Korrelationsmatrix die negativen und nicht vorhandenen Korrelationen auszuzählen und so die Items zu entfernen.

7.1 Faktorenanalyse

wir die Items und bestimmen die Reliabilität, indem wir zunächst eine Faktorenanalyse berechnen und die identifizierten Faktoren anschließend einer Reliabilitätsanalyse unterziehen.

Wir sind in unseren Seminaren immer explorativ vorgegangen und haben eine exploratorische Faktorenanalyse berechnet. Demnach haben wir nicht wie bei einer konfirmatorischen Faktorenanalyse statistisch überprüft, ob sich das theoretisch erarbeitete Modell auch empirisch zeigt, d. h. wir sind nicht „modellprüfend" (Döring und Bortz 2016, S. 481) vorgegangen. Sondern wir haben untersucht, was sich empirisch unabhängig von unserer vorherigen Dimensionierung zeigt (vgl. Döring und Bortz 2016, S. 481). Die exploratorische Faktorenanalyse dient also „dem ,Entdecken' von Strukturen in einem Datensatz" (Backhaus et al. 2021, S. 417). Entdecken bedeutet sowohl, dass offen ist, „wie metrische Ausgangsvariablen zu Faktoren zusammengefasst werden könnten" (Backhaus et al. 2021, S. 417) als auch dass „die Anzahl der zu extrahierenden Faktoren unbekannt" sind (Backhaus et al. 2021, S. 417).

Backhaus et al. (2021, S. 418) beschreiben vier Schritte einer exploratorischen Faktorenanalyse: Zunächst muss die „Eignung der Daten" überprüft werden, darauf folgt die „Extraktion und Anzahl der Faktoren", die „Faktoren-Interpretation" sowie die „Bestimmung der Faktorwerte".[3] Die Faktorenanalyse basiert in erster Linie auf Korrelationen zwischen den Variablen sowie zwischen den Variablen und den Faktoren, und hohe Korrelationen zwischen den Variablen „stellen die notwendige Voraussetzung für die Faktorenanalyse dar" (Backhaus et al. 2021, S. 416). Daher machen wir zunächst einen kurzen Exkurs dazu, was unter einer Korrelation zu verstehen ist.

Exkurs: Korrelation
Eine Korrelation bezieht sich immer auf den inhaltlichen und statistischen Zusammenhang zwischen Variablen, d. h. auf die „Wechselbeziehung" (Kuckartz et al. 2013, S. 207) zwischen den Variablen. Dabei wird unter einem bivariaten Zusammenhang (zwischen zwei Variablen) Folgendes verstanden: „Die Ausprägung, die eine Versuchsperson auf der einen Variable aufweist, gibt zu gewissen Teilen auch Auskunft darüber, welche Ausprägung diese Person auf der anderen Variable erreicht." (Rasch et al. 2021, S. 89) Für die verschiedenen Skalenniveaus stehen unterschiedliche Koeffizienten zur Berechnung des

---
[3] Wir werden hier nur die ersten drei Schritte anführen, da der vierte im Rahmen der Verbesserung der Operationalisierung keine bedeutende Rolle spielt.

Zusammenhangs zur Verfügung, für intervallskalierte Daten wird die Produkt-Moment-Korrelation (Pearsons r) verwendet (vgl. Kuckartz et al. 2013, S. 222). Eine Voraussetzung für die Berechnung einer Produkt-Moment-Korrelation ist die Normalverteilung sowie, dass der Zusammenhang linear ist (vgl. Steiner und Benesch 2021, S. 140). Interpretiert werden muss bei einer Korrelation einerseits die Richtung des Zusammenhangs und andererseits die Höhe des Zusammenhangs. Die „Höhe ist davon abhängig, wie zwingend von der einen Variable auf die andere geschlossen werden kann" (Rasch et al. 2021, S. 89). Pearsons r „kann Werte zwischen −1 und +1 annehmen" (Kuckartz et al. 2013, S. 212). Um die Höhe zu interpretieren, ist nur der Betrag relevant. Hierzu gibt es bestimmte Konventionen: Beträgt r weniger als 0,1 gibt es keinen Zusammenhang, bis 0,3 ist der Zusammenhang gering, bis 0,5 mittel, bis 0,7 hoch, bis 1 sehr hoch (vgl. Kuckartz et al. 2013, S. 213). Bei einem Korrelationskoeffizienten von 1 handelt es sich um einen perfekten Zusammenhang (vgl. Kuckartz et al. 2013, S. 212). Im Hinblick auf die Richtung des Zusammenhangs zeigt ein negatives Vorzeichen einen negativen und ein positives Vorzeichen einen positiven Zusammenhang an. Ein positiver Zusammenhang liegt dann vor, wenn „hohe Werte auf der einen Variable hohen Werten auf der anderen entsprechen und niedrige Werte auf der einen Variable niedrigen auf der anderen" (Rasch et al. 2021, S. 89). Es handelt sich um einen negativen Zusammenhang, wenn „hohe Werte auf der einen Variable mit niedrigen Werten auf der anderen einher[gehen] und umgekehrt" (Rasch et al. 2021, S. 89). Angenommen, man hat Personen in einem Fragebogen gebeten, anzugeben, wie wichtig ihnen das Anvertrauen von Geheimnissen sowie das wöchentliche persönliche Treffen in einer Freundschaft ist. In der Analyse hat sich nun ein Zusammenhang gezeigt. Eine positive Korrelation würde darin bestehen, dass je wichtiger das Anvertrauen von Geheimnissen ist, desto wichtiger ist das wöchentliche persönliche Treffen. Eine negative Korrelation hingegen würde bedeuten, je unwichtiger das Anvertrauen von Geheimnissen ist, desto wichtiger ist das wöchentliche persönliche Treffen.

Für den ersten Schritt (Eignung der Daten) sind der Bartlett-Test (Test auf Sphärizität), das Kaiser-Meyer-Olkin-Kriterium und das Maß für die Stichprobenadäquanz (MSA) zentral (vgl. Backhaus et al. 2021, S. 422 ff.).[4] Der

---

[4] Backhaus et al. (2021, S. 424 f.) führen hier zusätzlich die Anti-Image-Kovarianz-Matrix an. Das Anti-Image entspricht dem Teil der Varianz einer Variable, „der von den übrigen Variablen unabhängig ist" (Backhaus et al. 2021, S. 424) und sollte Richtung null gehen. Die Hauptdiagonale in der Anti-Image-Kovarianz-Matrix entspricht dem Anti-Image. Die übrigen Zellen entsprechen den „partiellen Kovarianzen zwischen den Variablen" (Backhaus et al. 2021, S. 425), sind „25 % oder mehr der negativen partiellen Kovarianzen

7.1 Faktorenanalyse

Bartlett-Test testet die Nullhypothese, dass die Variablen in der Grundgesamtheit unkorreliert sind (vgl. Backhaus et al. 2021, S. 422), also keinen (inhaltlichen) Zusammenhang aufweisen. Der Bartlett-Test muss signifikant sein, damit die Nullhypothese verworfen werden kann und die Variablen einen Zusammenhang in der Grundgesamt aufweisen und die „Korrelationsmatrix nur zufällig von einer Identitätsmatrix abweicht"[5] (Backhaus et al. 2021, S. 422). Der Bartlett-Test setzt wie viele andere statistische Verfahren auch eine Normalverteilung der Variablen voraus (vgl. Backhaus et al. 2021, S. 422). Das Kaiser-Meyer-Olkin-Kriterium (KMO) „berücksichtigt die bivariaten partiellen Korrelationen" (Backhaus et al. 2021, S. 423). Eine partielle Korrelation ist der Zusammenhang zwischen zwei Variablen, der ohne den Einfluss einer Drittvariable oder eines Faktors zustande kommt. Die partiellen Korrelationen sollten dementsprechend gering sein oder gegen null gehen, denn uns geht es ja um das Aufdecken von Strukturen und wir gehen davon aus, dass sich die Variablen jeweils einem gemeinsamen Faktor zuordnen lassen und somit ihr Zusammenhang vom entsprechenden Faktor moderiert wird (vgl. Backhaus et al. 2021, S. 423).[6] Nach Backhaus et al. (2021, S. 423) sollte der KMO-Wert mindestens bei 0,5 liegen, jedoch in Richtung 1 gehen. Das Maß für die Stichprobenadäquanz (MSA) entspricht

---

von Null verschieden" (Backhaus et al. 2021, S. 425), ist der Datensatz ungeeignet. Wir gehen in unserer Berechnung nicht darauf ein. Gerade in den erhobenen Datensätzen in den Seminaren finden sich häufig hohe Werte in der Hauptdiagonalen und es erscheint uns nicht sonderlich praktikabel, per Augenmaß zu überprüfen, ob 25 % der Korrelationen von ggfs. 100 Variablen sich null nähern. Die Autor*innen führen an, dass die verschiedenen „Kriterien … zusammenschauend verwendet werden [sollten, N.B., C.T.], um ein gutes Verständnis der Daten zu erhalten". Zwar können zur „Beurteilung der Eignung der Daten für die Faktorenanalyse … verschiedene Kriterien verwendet werden", jedoch nehme „kein Kriterium eine ‚überlegene' Stellung" ein, da „alle Kriterien die gleichen Informationen verwenden, um die Eignung der Daten zu beurteilen" (Backhaus et al. 2021, S. 425).

[5] In der Korrelationsmatrix zeigt die Hauptdiagonale in jeder Zelle eine 1 an, da es sich hierbei um die Korrelation des jeweiligen Items mit sich selbst handelt – das Item ist deckungsgleich, somit muss die Korrelation 1 sein. In allen übrigen Zellen finden sich die bivariaten Korrelationen der Variablen miteinander. In einer Identitäts- bzw. Einheitsmatrix steht in all diesen Zellen außerhalb der Hauptdiagonale eine 0, somit existiert kein Zusammenhang zwischen den Variablen.

[6] Bei geringen partiellen Korrelationen „kann davon ausgegangen werden, dass die Variablen eine gemeinsame Varianz besitzen, die durch einen zugrunde liegenden gemeinsamen Faktor verursacht wird" (Backhaus et al. 2021, S. 423). Deshalb führen solche zu einem hohen KMO-Wert (vgl. Backhaus et al. 2021, S. 423).

dem „variablenspezifischen Kaiser-Meyer-Olkin-Kriterium (d. h. MSA) auf der Hauptdiagonalen" (Backhaus et al. 2021, S. 463) in der Korrelationsmatrix. Es handelt es sich um den Zusammenhang der entsprechenden Variable mit allen anderen Variablen: „Während das KMO-Kriterium die Eignung aller Variablen insgesamt bewertet, wird die Eignung einer einzelnen Variable für eine Faktorenanalyse durch das sog. ‚Maß der Stichprobenadäquanz' (Measure of Sampling Adequacy (MSA)) beurteilt." (Backhaus et al. 2021, S. 424) Ebenso wie beim KMO sollten die MSA-Werte mindestens bei 0,5 liegen und in Richtung 1 gehen. Backhaus et al. (2021, S. 424) schlagen zur Beurteilung der MSA-Werte vor, die Richtwerte für den KMO als Orientierung heranzuziehen.

Im nächsten Schritt geht es darum, die Anzahl der Faktoren zu bestimmen und diese zu extrahieren, d. h. darum, „wie Faktoren tatsächlich aus einer Datenmenge mit hoch korrelierenden Variablen extrahiert werden können" (Backhaus et al. 2021, S. 426). Die Korrelation „zwischen den Variablen und dem Faktor (…) wird als *Faktorladung* bezeichnet" (Backhaus et al. 2021, S. 429, Herv. i. O.). „Somit sind Faktorladungen ein Maß für die Beziehung zwischen einer Variablen und einem Faktor" (Backhaus et al. 2021, S. 430). Die extrahierten Faktoren korrelieren nicht miteinander (vgl. Backhaus et al. 2021, S. 431). Nach Backhaus et al. (2021, S. 435) ist dafür, wie die Faktoren extrahiert werden, relevant, welches Hauptziel man verfolge. Dementsprechend unterscheidet man zwischen einer Hauptkomponentenanalyse und einer Faktoranalyse.[7] Wir beschränken uns hier auf eine HKA, da im Rahmen der Verbesserung der Operationalisierung für uns „das Ziel der Faktorenanalyse auf der Daten-

---

[7] Die Benennung ist hier ähnlich irritierend wie beim Überbegriff „Operationalisierung", von dem ein Schritt die Operationalisierung darstellt – so wird hier als Überbegriff „Faktorenanalyse" verwendet, darunter findet sich ein Verfahren, das als Faktoranalyse bezeichnet wird. Nach Backhaus et al. (2021, S. 436) sind beide Verfahren im Ablauf formal gleich, „verwenden iterative Algorithmen zur Lösung" und führen häufig „im Hinblick auf die Komponenten bzw. Faktorladungen auch zu ähnlichen Ergebnissen". Daher werde „die HKA in vielen Statistikprogrammen als voreingestelltes Extraktionsverfahren im Rahmen der Faktorenanalyse aufgeführt (so auch in SPSS)" (Backhaus et al. 2021, S. 436). Letztlich stellen beide Verfahren unterschiedliche Methoden zur Extraktion mit unterschiedlichen Zielen und theoretischen Grundannahmen dar (vgl. Backhaus et al. 2021, S. 435 ff.). Während man der HAA von einer Restvarianz der Variable und einer nicht komplett reproduzierbaren Varianz durch die Faktoren ausgeht (vgl. Backhaus et al. 2021, S. 441 f.), *kann* die HKA die gesamte Varianz eines Datensatzes reproduzieren (vgl. Backhaus et al. 2021, S. 436 f.). Dementsprechend kann in der Korrelationsmatrix in einer HKA in der Hauptdiagonalen eine 1 erzielt werden, in der HAA jedoch nicht (vgl. Backhaus et al. 2021, S. 447).

7.1 Faktorenanalyse

verdichtung liegt" (Backhaus et al. 2021, S. 446). Bei der Hauptkomponentenanalyse geht es um die „Entdeckung einer geringen Anzahl von Komponenten (Datenreduktion) bei gleichzeitiger Erhaltung eines Maximums an Information bzw. Minimierung des Informationsverlustes" (Backhaus et al. 2021, S. 439 f.). Dementsprechend sollen viele Variablen durch wenige Hauptkomponenten erklärt werden, welche nicht miteinander korrelieren, und so wenig Information im Zuge der Datenreduktion wie möglich verloren gehen (vgl. Backhaus et al. 2021, S. 440). Die Information entspricht der Varianz im Datensatz: „Die Varianz einer Variable ist ein Maß für die Information, die in der Variable enthalten ist. Wenn eine Variable eine Varianz von 0 hat, kann sie keine Information enthalten. Bei standardisierten Variablen besitzt jede Variable eine Varianz von 1." (Backhaus et al. 2021, S. 436) Laden Variablen auf eine Hauptkomponente, dann repräsentiert diese die gemeinsame Varianz der Variablen, d. h. die gemeinsame Information der Variablen (vgl. Backhaus et al. 2021, S. 436). Dabei enthält meist die erste Hauptkomponente in einer Faktorenanalyse den größten Anteil, der im Datensatz vorhandenen Information, die zweite Hauptkomponente und die darauf folgenden jeweils den „größtmöglichen Anteil der verbleibenden Informationen" (Backhaus et al. 2021, S. 439). Die Information, die eine Komponente enthält, sinkt also mit steigender Anzahl an extrahierten Komponenten, je weiter hinten sie steht. In der Regel laden Variablen nicht nur auf eine Hauptkomponente, sondern auf mehrere – allerdings mit unterschiedlicher Höhe. Addiert man diese quadrierten Komponentenladungen bzw. Faktorenladungen einer Variablen auf alle Komponenten, erhält man die Kommunalität der Variable. Diese entspricht also der gesamten Varianz der Variable, die durch alle Faktoren repräsentiert wird (vgl. Backhaus et al. 2021, S. 438).

Werden so viele Hauptkomponenten extrahiert, wie der Datensatz Variablen enthält, ergibt die Kommunalität einer Variablen 1. Werden weniger Hauptkomponenten extrahiert, was dem formulierten Ziel einer HKA entspricht, ist die Kommunalität geringer, da nicht die gesamte Varianz der Variable repräsentiert werden kann (vgl. Backhaus et al. 2021, S. 438). Für die Entscheidung, wie viele Komponenten extrahiert werden, ist der Eigenwert einer Komponente bzw. das Kaiser-Kriterium entscheidend (vgl. Backhaus et al. 2021, S. 447). Der Eigenwert einer Komponente setzt sich aus den quadrierten Faktorenladungen aller Variablen, die auf diese Komponente laden, zusammen und kann damit als „Maß für die in einem Faktor enthaltene Information interpretiert werden" (Backhaus et al. 2021, S. 439). Dem Kaiser-Kriterium entsprechend sollten nur so viele Faktoren extrahiert werden, „die einen Eigenwert von größer 1 besitzen. Nur in diesem Fall ist ein Faktor in der Lage, mehr Varianz auf sich zu vereinen als eine einzelne Ausgangsvariable" (Backhaus et al. 2021, S. 447). Also nur wenn der

Eigenwert größer als 1 ist, kann eine Komponente mehr erklären als eine Variable. Auch der Eigenwertanteil einer Komponente spielt eine Rolle: „Der Eigenwert geteilt durch die Anzahl der Variablen ergibt den *Eigenwertanteil* einer Hauptkomponente. Kumuliert über die Hauptkomponenten geben die Eigenwertanteile an, wie viel Information durch die extrahierten Hauptkomponenten insgesamt erklärt werden kann." (Backhaus et al. 2021, S. 439, Herv. i. O.; S. 470) Dies finden wir in SPSS unter der Erklärten Gesamtvarianz (in der Spalte Kumulierte %), hier wird der Anteil der Gesamtvarianz angezeigt, die der Faktor erklären kann. Nach Backhaus et al. (2021, S. 448) kann die Gesamtvarianz auch zur Beurteilung der Güte herangezogen werden – je mehr der ursprünglichen Varianz das Modell erklären kann, desto geeigneter. Insbesondere wenn mehrere Möglichkeiten im Hinblick auf die Anzahl an zu extrahierenden Faktoren bestehen, kann die Beurteilung der Gesamtvarianz hilfreich sein (vgl. Backhaus et al. 2021, S. 448). Ebenso kann zur Beurteilung der Anzahl der zu extrahierenden Faktoren der Screeplot herangezogen werden – hier werden der Eigenwert und die Anzahl der extrahierten Faktoren grafisch dargestellt (vgl. Backhaus et al. 2021, S. 439). Wenn im Graphen „ein ‚*Knick*' oder ‚*Ellbogen*' in der Abfolge der Eigenwerte erkennbar [ist, N.B., C.T.], so bedeutet das, dass dort die Differenz zwischen zwei Eigenwerten am größten ist" (Backhaus et al. 2021, S. 448). Nur die Faktoren, „die links des ‚Ellbogens' liegen" (Backhaus et al. 2021, S. 448), werden als bedeutsam erachtet.

Im dritten Schritt, der Faktoren-Interpretation, geht es darum, anhand der Faktorenladungen zu beurteilen, welche Variable auf welchen Faktor (eindeutig) lädt. Bei Mehrfachladungen – wie im Hinblick auf die Kommunalitäten bereits angesprochen – empfehlen Backhaus et al. (2021, S. 451), dass die Faktorenladung einer Variablen auf einen Faktor mindestens 0,5 betragen sollte. Trifft dies bei einer Variable für mehrere Faktoren zu, „sollte die Variable jedoch jedem dieser Faktoren zugeordnet werden" (Backhaus et al. 2021, S. 451). Dann ist allerdings eine „sinnvolle Interpretation der Faktoren unter Umständen nicht mehr möglich" (Backhaus et al. 2021, S. 451). Wir würden die Variable in diesem Fall ausschließen, da wir von einer eindeutigen Zuordnung der Variable ausgehen, da die Faktoren inhaltlich Unterschiedliches messen. Um die Zuordnung zu erleichtern, schlagen Backhaus et al. (2021, S. 451; S. 473) die Rotation der Faktoren vor, da sich so die Faktorenladung erhöhe und dies die Zuordnung erleichtere.[8]

---

[8]Wir führen dies von Anfang an bei der Extraktion der Faktoren durch. Korrelieren die Faktoren nicht untereinander, führt man eine orthogonale Rotation wie die Varimax-Rotation durch (vgl. Backhaus et al. 2021, S. 451), bei der „die beiden Koordinaten

7.2 Reliabilitätsanalyse

▶ Im Anschluss an die Faktorenanalyse wird für die Itemanalyse und die Bestimmung der Reliabilität eine Reliabilitätsanalyse berechnet. Das gängigste Maß hierfür ist Cronbachs Alpha und die Methode der Internen Konsistenz, bei der für jeden Faktor eine separate Analyse berechnet wird. Dadurch ist es möglich zu überprüfen, wie genau die Variablen den Faktor abbilden.

Auch auf die Reliabilität(sanalyse) sind wir in den vorangegangenen Kapiteln bereits eingegangen, wir schauen uns nun näher an, wie wir so die Operationalisierung verbessern können. Indem wir im Vorhinein bereits zugrunde liegende Strukturen mithilfe der Faktorenanalyse identifiziert und vor allem die Zusammenhänge der Variablen untersucht und damit bereits eine Verbesserung des Variablensets hinsichtlich des Passungsverhältnisses vorgenommen haben, müssen wir nun untersuchen, ob die identifizierten Faktoren von den entsprechenden Variablen auch genau gemessen wurden. Dass es sich bei der Reliabilitätsanalyse um die Untersuchung der „Zuverlässigkeit bzw. Messgenauigkeit eines Messwerts" (Bühner 2021, S. 598) handelt, haben wir bereits in Kap. 2 angeführt. Es geht nun also darum, die mithilfe der Faktorenanalyse gebildete Skala zu interpretieren und eine Itemanalyse vorzunehmen (vgl. Kuckartz et al. 2013, S. 239). Wir wollen „die Brauchbarkeit einer Skala (…) überprüfen und die für die Skalenbildung am besten geeigneten Items aus[wählen]" sowie die „Reliabilität der Skala (…) bestimmen" (Kuckartz et al. 2013, S. 246). Um dies zu beurteilen, ziehen wir verschiedene Kennwerte bei der Reliabilitätsanalyse heran, die wir bereits in Kap. 4 erwähnt haben. Um geeignete und weniger geeignete Items zu identifizieren, schauen wir uns den Schwierigkeitsgrad und die Trennschärfe an. Um die Reliabilität und damit die „Güte" (Kuckartz et al. 2013, S. 247) der Skala zu bestimmen, schauen wir uns Cronbachs Alpha an, welches „das mit Abstand gebräuchlichste Reliabilitätsmaß"

… immer in einem rechten Winkel verbleiben" (Backhaus et al. 2021, S. 472). Wir haben die Varimax-Rotation verwendet, da wir von verschiedenen und unkorrelierten Faktoren ausgegangen sind.

(Döring und Bortz 2016, S. 444) darstellt.[9] Cronbachs Alpha muss jedoch für jeden Faktor einzeln berechnet werden, da es bei einem mehrdimensionalen Test andernfalls die Reliabilität unterschätze (vgl. Döring und Bortz 2016, S. 468).

Der Alpha-Koeffizient setzt sich aus der Anzahl der Items und der durchschnittlichen Inter-Item-Korrelation[10] zusammen (vgl. Kuckartz et al. 2013, S. 247). Dementsprechend erhöht sich Alpha mit steigender Anzahl der Items, sodass bereits mit einer geringen Korrelation der Items untereinander, aber einer hohen Itemanzahl einen hohen Cronbachs-Alpha-Wert erreicht werden kann (vgl. Kuckartz et al. 2013, S. 247). Enthält ein Fragebogen beispielsweise 60 Items, so ist anzunehmen, dass Cronbachs Alpha hoch ausfällt – dies aber kaum eine sinnvolle Aussage über die Reliabilität erlaubt, da die Zusammenhänge zwischen den einzelnen Items hier gering sein können. Sorgen hingegen hohe positive Inter-Item-Korrelationen für einen hohen Alpha-Koeffizienten, weist die Skala eine hohe Zuverlässigkeit bzw. Messgenauigkeit auf (vgl. Bühner 2021, S. 168). Der Alpha-Koeffizient kann „Werte zwischen 0 (unreliabel) und 1 (perfekte Reliabilität) annehmen" (Kuckartz et al. 2013, S. 247). Werte ab 0,7 gelten als brauchbar, ab 0,8 als gut und ab 0,9 als sehr gut (vgl. Kuckartz et al. 2013, S. 247). Nach Kuckartz et al. (2013, S. 247) ist die „Bedingung für die Berechnung von Alpha (…), dass die Items positiv korreliert sind". Negative Korrelationen reduzieren Alpha, sind diese hoch, kann dies zu einem negativen Alpha-Koeffizienten führen (vgl. Bühner 2011, S. 167). Da jedoch eine „negative Reliabilitätsschätzung nicht zulässig" (Bühner 2011, S. 167) ist, zeigt ein negativer Alpha-Koeffizient „eine Reliabilität von null" (Bühner 2011, S. 167) an. Negative Inter-Item-Korrelationen bedeuten entweder, dass ein zuvor invertiertes Item nicht umgepolt wurde oder aber, dass das Item nicht zur Skala passt, da sich bei einer negativen Korrelation die Items inhaltlich ausschließen oder etwas anderes messen (vgl. Bühner 2011, S. 168).

Um die Reliabilität zu erhöhen und ungeeignete Items zu identifizieren, werden insbesondere – wie wir im nächsten Schritt exemplarisch zeigen werden – die ausgegebenen Item-Skala-Statistiken herangezogen, da SPSS hier angibt, wie sich der Alpha-Koeffizient erhöhen (oder auch niedriger werden) würde bei Ausschluss des entsprechenden Items aus der Skala (vgl. Kuckartz et al. 2013,

---

[9] Die Reliabilität lässt sich noch durch drei weitere Methoden analysieren: die Retest-Reliabilität, Paralleltest-Reliabilität und die Testhalbierungsreliabilität (vgl. Döring und Bortz 2016, S. 465 ff.).

[10] Nach Bühner (2021, S. 236) gibt die „durchschnittliche Itemkorrelation (…) an, wie ähnlich sich die Items sind, und kann als Breite bzw. Enge des gemessenen Verhaltensausschnitts interpretiert werden. Sie stellt also einen Homogenitätsindex dar".

7.2 Reliabilitätsanalyse

S. 247). Dabei kann dies jedoch nur sukzessive erfolgen – beginnend mit dem am wenigsten geeigneten Item, da sich die „Skalenwerte, die Trennschärfe und der sich bei Item-Exklusion ergebende Alpha-Wert bei reduzierter Itemzahl verändern" (Kuckartz et al. 2013, S. 249).

Konnte die Güte der Skala erhöht werden, müssen weitere Kennwerte betrachtet werden: die Trennschärfe und die Schwierigkeit (vgl. Kuckartz et al. 2013, S. 246). Die Trennschärfe wird bei SPSS in den Item-Skala-Statistiken in der Spalte korrigierte Item-Skala-Korrelation angezeigt. Der Wert entspricht der Korrelation des Items mit der Skala und ist damit „ein Indikator dafür, wie gut das betreffende Item die Skala repräsentiert" (Kuckartz et al. 2013, S. 246). Nach Kuckartz et al. (2013, S. 246) sind „Trennschärfe-Werte über 0,5 (…) als hoch einzustufen". Die Autor*innen empfehlen einen unteren Grenzwert in der eigenen Erhebung festzulegen, an dem man sich bei der Entscheidung, ob ein Item in die Skala aufgenommen wird, orientiert (vgl. Kuckartz et al. 2013, S. 247).

Für die Itemanalyse ebenso relevant ist die Schwierigkeit der Items. Der Schwierigkeitsindex wird in SPSS in den Itemstatistiken als Mittelwert angegeben (vgl. Bühner 2011, S. 240) und entspricht bei intervallskalierten Daten dem „Itemmittelwert der Itemantworten über alle Personen einer Stichprobe" (Bühner 2011, S. 219). Der Mittelwert gibt an, wie schwierig es war, dem Item zu zustimmen (vgl. Kuckartz et al. 2013, S. 246). Dementsprechend „gelten Items dann als schwierig, wenn der betreffenden Aussage nur wenige Personen zustimmen können" (Kuckartz et al. 2013; siehe auch Döring und Bortz 2016, S. 477).[11] Umgekehrt sind Items dann leicht, wenn die ihnen leicht zugestimmt werden kann. In der Skala sollte eine „möglichst breite Schwierigkeitsstreuung" erzielt werden, sodass „leichte bis schwierige Items vertreten sind" (Döring und Bortz 2016, S. 477). Da so eine Differenzierung der Befragten ermöglicht werden soll, sind zwar schwere und leichte Items einzubeziehen, *zu* schwierige und *zu* leichte Items sollten jedoch vermieden werden (vgl. Döring und Bortz 2016, S. 477) – ein „Item, dass [sic!] nur von wenigen Zustimmung erhält, erlaubt eine solche Differenzierung (…) nicht" (Kuckartz et al. 2013, S. 246). Dies gilt ebenso für sehr leichte Items (vgl. Döring und Bortz 2016, S. 477).

---

[11] Bühner (2011, S. 220) gibt die Bewertung der Itemschwierigkeit genau andersherum an: „Bei Ratingskalen steht der Mittelwert für die psychometrische Schwierigkeit eines Items. Ist ein Item psychometrisch schwer, werden diesem Item viele Personen der Stichprobe zustimmen, und daher wird der Mittelwert des Items hoch ausfallen. Niedrige Mittelwerte kennzeichnen psychometrisch leichte Items, da ihnen wenige Personen zustimmen werden." Wir orientieren uns hier an Kuckartz et al. (2013) und Döring und Bortz (2016).

Die Verbesserung der Operationalisierung durch die Reliabilitätsanalyse anhand der internen Konsistenz besteht also darin, sowohl durch den Ausschluss weiterer Items – über Cronbachs Alpha, wenn Item weggelassen oder sowie über einen unteren Grenzwert für die Trennschärfe – die Zuverlässigkeit der Skala zu erhöhen als auch durch die Interpretation der Schwierigkeit die Formulierung der Items zu überdenken und ggfs. zu verändern.

7.3 Berechnung einer Faktoren- und Reliabilitätsanalyse zur Fehlerfindung und Verbesserung der Operationalisierung

▶ Nachdem wir im Vorangegangenen beschrieben haben, welchen Zweck eine Faktorenanalyse sowie eine Reliabilitätsanalyse theoretisch verfolgen und welche Kennwerte zur Beurteilung der Analyse notwendig sind, werden wir im Folgenden exemplarisch anhand eines Datensatzes zum Konstrukt Persönlichkeit, der in einem unserer Seminare erhoben wurde, darstellen, wo Fehler liegen und sich die Operationalisierung ggfs. verbessern ließe.

7.3.1 Berechnung der Faktorenanalyse

Nachdem der Fragebogen einem Pretest unterzogen wurde, haben wir nun empirische Daten zur Verfügung[12], um einerseits empirisch Strukturen aufzudecken, die wir bislang nur theoretisch erarbeitet haben und andererseits ist es uns so möglich, die Konstruktion einer Likert-Skala (siehe Abschn. 4.3.1) fortzuführen. Der Datensatz enthält 100 intervallskalierte Variablen und wurde von 195 Personen (= N) online über SoSci Survey ausgefüllt.

Wir beginnen also in SPSS mit der Prozedur Faktorenanalyse und müssen hier verschiedene Einstellungen tätigen. Zunächst wählen wir natürlich alle 100 Variablen aus, anschließend wählen wir bei Deskriptive Statistiken Koeffizienten, Anti-Image und KMO und Bartlett-Test auf Sphärizität, bei Extraktion Screeplot, bei Rotation Varimax und bei Optionen Sortiert nach Größe sowie kleine Koeffizienten unterdrücken aus (siehe Abb. 7.1, 7.2, 7.3 und Abb. 7.4).

---

[12] Der Datensatz wurde in einem der Seminare von Christian Toth zum Konstrukt Persönlichkeit erhoben und uns von der betreffenden Studentin zur Verfügung gestellt.

7.3 Berechnung einer Faktoren- und Reliabilitätsanalyse ...

Abb. 7.1 Einstellungen Deskriptive Statistiken Faktorenanalyse

Abb. 7.2 Einstellungen Extraktion Faktorenanalyse

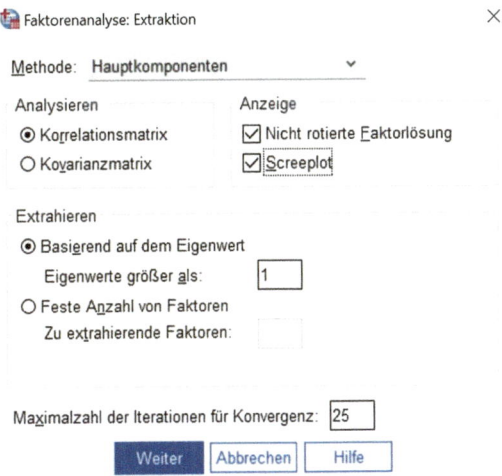

Uns interessiert zunächst der KMO-Wert sowie der Bartlett-Test, als Kriterien für die Eignung der Daten, ob eine Faktorenanalyse sinnvoll und möglich ist. Wir sehen hier (siehe Abb. 7.5), dass der KMO bei ,603 liegt und die Signifikanz nach Bartlett bei <,001. Letzteres gibt uns Aufschluss darüber, dass die Variablen einer Grundgesamt entspringen, in der sie korreliert sind.

Da der KMO-Wert noch nicht in einem Wertebereich liegt, den wir als gut erachten und mit dem eine Faktorenanalyse Sinn macht, entfernen wir zunächst

Abb. 7.3 Einstellungen Rotation Faktorenanalyse

Abb. 7.4 Einstellungen Optionen Faktorenanalyse

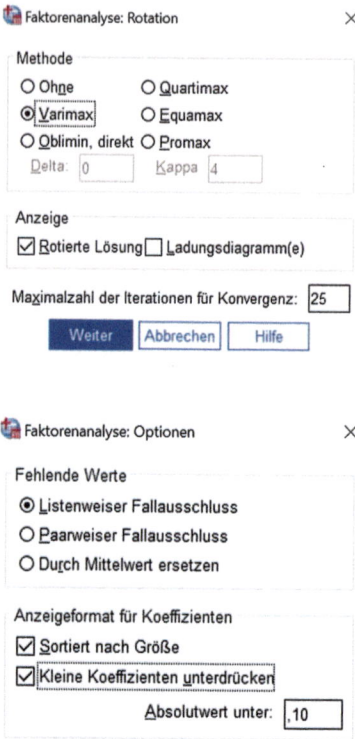

KMO- und Bartlett-Test

Maß der Stichprobeneignung nach Kaiser-Meyer-Olkin.		,603
Bartlett-Test auf Sphärizität	Ungefähres Chi-Quadrat	9231,724
	df	4950
	Signifikanz nach Bartlett	<,001

Abb. 7.5 KMO- und Bartlett-Test erste Berechnung

über die Anti-Image-Matrizen, bzw. über die MSA-Werte in den Anti-Image-Korrelationen (siehe Abb. 7.6) nacheinander die nicht passenden Items.

Wir beginnen mit dem MSA-Wert, der am niedrigsten ist, da diese Variable am schlechtesten inhaltlich zu allen anderen passt. Da der MSA-Wert die Korrelation

7.3 Berechnung einer Faktoren- und Reliabilitätsanalyse ...

Anti-Image-Korrelation								
	Ich bin stets freundlich gegenüber meinen Mitmenschen.	,646ª	-,059	,010	,070	-,075	-,136	-,132
	Zur Aufgabenbewältigung fallen mir verschiedene Lösungswege ein.	-,059	,593ª	,015	-,019	-,091	-,127	,204
	Ich stehe ungern im Mittelpunkt.	,010	,015	,637ª	-,225	,042	-,009	,055
	Unter gewissen Umständen würde ich fremdgehen.	,070	-,019	-,225	,433ª	-,091	-,027	-,018
	In einem überfüllten Bus überlasse ich meinen Sitzplatz hilfsbedürftigen Menschen.	-,075	-,091	,042	-,091	,629ª	,001	,112
	Regelmäßige körperliche Betätigung ist mir wichtig.	-,136	-,127	-,009	-,027	,001	,670ª	-,147
	Anderen Kulturen gegenüber bin ich offen.	-,132	,204	,055	-,018	,112	-,147	,538ª

Abb. 7.6 Anti-Image-Korrelationen erste Berechnung

der Variable mit allen anderen darstellt, muss die Tabelle entsprechend nach jeder Entfernung einer Variablen neu beurteilt werden, da sich dem jeweiligen Ausschluss entsprechend die anderen MSA-Werte verändern. Die Variable „Selbst wenn ich mit der Bedienung zufrieden bin, gebe ich kein Trinkgeld" hat den kleinsten MSA-Wert mit ,323. Wir schließen diese Variable also aus und rechnen ohne sie eine neue Faktorenanalyse. Der KMO verbessert sich auf ,612. Wir suchen nun erneut nach der Variable mit dem kleinsten MSA-Wert (,364 – „Stillsitzen fällt mir schwer"), schließen diese aus und verfahren so weiter. Nach ca. fünf weiteren Berechnungen erhalten wir bei zwei Variablen („Ich spreche oft Themen an, die anderen peinlich sind" und „Ein Abend nur für mich macht mich glücklich") jeweils ,447 als den niedrigsten MSA-Wert. Bei Ausschluss der ersten Variable erhalten wir einen KMO von ,645, bei Ausschluss der zweiten Variable einen KMO von ,641, dementsprechend fügen wir die zweite Variable wieder ein und schließen die erste aus und rechnen so weiter. Nachdem wir insgesamt 13 Variablen ausgeschlossen haben, liegt kein MSA-Wert mehr unter ,5, der KMO liegt jedoch bei ,675 und damit noch nicht in unserem erzielten Bereich von ,8. Dementsprechend schließen wir weitere Variablen aus, die über ,5 liegen, solange, bis wir einen KMO erzielen können, der bei ,8 liegt. Nach dem Ausschluss von insgesamt 50 Variablen, erreichen wir einen KMO von ,803. Die MSA-Werte in den Anti-Image-Matrizen liegen nun alle über ,7. Der KMO zeigt uns nun an, dass eine Faktorenanalyse sinnvoll ist, d. h., wir können damit beginnen, die zugrunde liegenden Strukturen zu extrahieren. In Anlehnung an die in Backhaus et al. (2021, S. 423) abgedruckte Tabelle von Kaiser und Rice lägen wir hier bei einem KMO, der als „verdienstvoll" gilt.

Erklärte Gesamtvarianz

Komponente	Anfängliche Eigenwerte			Summen von quadrierten Faktorladungen für Extraktion			Rotierte Summe der quadrierten Ladungen		
	Gesamt	% der Varianz	Kumulierte %	Gesamt	% der Varianz	Kumulierte %	Gesamt	% der Varianz	Kumulierte %
1	7,158	14,316	14,316	7,158	14,316	14,316	3,630	7,260	7,260
2	5,614	11,228	25,543	5,614	11,228	25,543	3,405	6,811	14,070
3	3,712	7,425	32,968	3,712	7,425	32,968	3,308	6,616	20,687
4	2,524	5,048	38,016	2,524	5,048	38,016	2,639	5,278	25,964
5	1,823	3,645	41,662	1,823	3,645	41,662	2,583	5,166	31,131
6	1,549	3,097	44,759	1,549	3,097	44,759	2,363	4,725	35,856
7	1,525	3,050	47,808	1,525	3,050	47,808	2,256	4,511	40,367
8	1,409	2,818	50,626	1,409	2,818	50,626	2,219	4,439	44,806
9	1,294	2,588	53,214	1,294	2,588	53,214	2,010	4,020	48,826
10	1,206	2,411	55,626	1,206	2,411	55,626	1,823	3,646	52,472
11	1,149	2,298	57,923	1,149	2,298	57,923	1,761	3,522	55,994
12	1,080	2,159	60,082	1,080	2,159	60,082	1,541	3,083	59,077
13	1,018	2,036	62,118	1,018	2,036	62,118	1,520	3,041	62,118
14	,987	1,975	64,093						
15	,962	1,925	66,018						

Abb. 7.7 Erklärte Gesamtvarianz nach Ausschluss von 50 Variablen

Um zu entscheiden, wie viele Faktoren wir extrahieren, schauen wir zunächst in die Statistik Erklärte Gesamtvarianz und hier insbesondere in die mittleren drei Spalten (siehe Abb. 7.7).

Hier werden uns von SPSS dem Kaiser-Kriterium entsprechend insgesamt 13 zu extrahierende Faktoren angezeigt. Das heißt, 13 Faktoren haben einen Eigenwert größer 1 und können dementsprechend mehr als eine einzelne Variable erklären. Wie wir im Vorangegangenen beschrieben haben, sind sowohl das Kaiser-Kriterium als auch der Screeplot Kriterien, die herangezogen werden, um zu entscheiden, wie viele Faktoren extrahiert werden. Dementsprechend schauen wir als nächstes in den Screeplot (siehe Abb. 7.8) und suchen hier nach dem benannten Knick.

Der Knick befindet sich bei Faktor 6, damit sind inhaltlich 5 Faktoren (links des Knicks) relevant.[13] Dementsprechend berechnen wir nun die Prozedur

---

[13] Wir haben in unseren Seminaren in der Regel ein weiteres Kriterium für die Auswahl angesetzt: Eine 10 %-Grenze, d. h. wir haben nur so viele Faktoren extrahiert, die jeweils mindestens 10 % der Gesamtvarianz erklären können. Dabei handelt es sich allerdings um ein weiches Kriterium – die Grenze von 10 % ist flexibel und mehr interpretativ und erfahrungsbasiert als eine strenge Grenze. Man könnte auch eine Grenze von 8 % annehmen. Grundsätzlich gilt hier, je strenger ein Kriterium, desto höher die Güte. Würden wir dieses Kriterium hier anwenden, würden wir allerdings nur 2 Faktoren extrahieren. Das erscheint uns bei 50 Variablen etwas wenig, daher orientieren wir uns am geschilderten Vorgehen von Backhaus et al. (2021).

7.3 Berechnung einer Faktoren- und Reliabilitätsanalyse ...

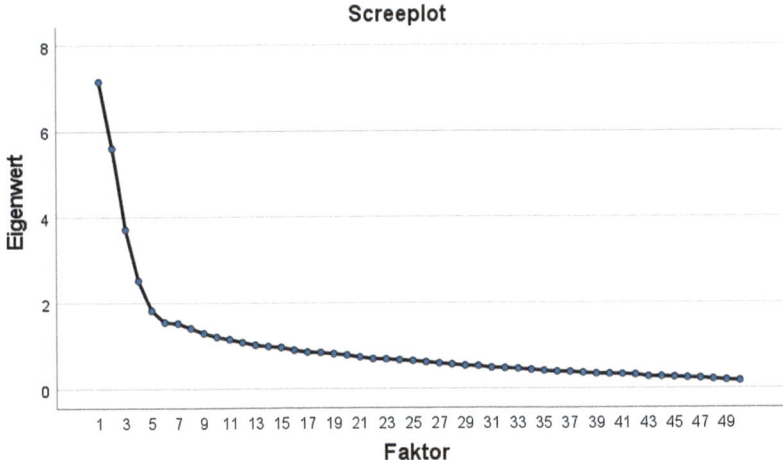

Abb. 7.8 Screeplot nach Ausschluss von 50 Variablen

Faktorenanalyse mit den verbleibenden 50 Variablen erneut, stellen aber bei Extraktion 5 als feste Anzahl zu extrahierender Faktoren ein. Entsprechend erscheinen in der Statistik Erklärte Gesamtvarianz nun nur noch 5 Faktoren (siehe Abb. 7.9).

Im dritten Schritt schauen wir uns für die Faktoren-Interpretation die Statistik Rotierte Komponentenmatrix an. Hier werden uns die Zuordnungen der Variablen zu den 5 Faktoren anhand ihrer Faktorenladungen angezeigt. Es geht nun darum, das Faktoren-Modell anhand der oben genannten Faktorenladung einer Variable von mindestens 0,5 zu beurteilen sowie Variablen mit Mehrfachladungen auszuschließen. Laden die Variablen auf beispielsweise drei Faktoren gleichermaßen, sind sie – wie oben angeführt – inhaltlich nicht eindeutig zuzuordnen und ungeeignet für das Modell. Denn wir gehen ja theoretisch davon aus, dass die Variablen eines Faktors untereinander korrelieren, aber die Variablen verschiedener Faktoren nicht, da sie jeweils eine andere Dimension messen. Lädt eine Variable auf 3 Faktoren gleichermaßen hoch, dann misst sie auch alle 3 Faktoren gleichermaßen und demnach nicht eindeutig. Wir haben hier im Seminar ein Kriterium eingeführt von einem Mindestunterschied zwischen den Ladungen von 0,1, d. h. bei Mehrfachladungen liegt eine eindeutige Ladung dann vor, wenn ein Unterschied von 0,1 von der höchsten Ladung zu allen anderen Faktorenladungen

Erklärte Gesamtvarianz

Komponente	Anfängliche Eigenwerte			Summen von quadrierten Faktorladungen für Extraktion			Rotierte Summe der quadrierten Ladungen		
	Gesamt	% der Varianz	Kumulierte %	Gesamt	% der Varianz	Kumulierte %	Gesamt	% der Varianz	Kumulierte %
1	7,158	14,316	14,316	7,158	14,316	14,316	5,246	10,493	10,493
2	5,614	11,228	25,543	5,614	11,228	25,543	4,531	9,061	19,554
3	3,712	7,425	32,968	3,712	7,425	32,968	4,227	8,454	28,008
4	2,524	5,048	38,016	2,524	5,048	38,016	3,491	6,981	34,989
5	1,823	3,645	41,662	1,823	3,645	41,662	3,336	6,673	41,662
6	1,549	3,097	44,759						
7	1,525	3,050	47,808						

Abb. 7.9 Erklärte Gesamtvarianz nach Ausschluss von 50 Variablen mit 5 Faktoren

der Variable besteht.[14] Bei den einzelnen Ladungen spielt nur der Betrag eine Rolle. Wir gehen die Ladungen Faktor für Faktor durch, d. h. wir beginnen mit Faktor 1 und schauen hier zunächst, welche Variablen alle auf Faktor 1 laden. Bis zur Variable „Ich habe keine Schwächen" sind die Ladungen auf den ersten Faktor höher als auf den zweiten. Dann entsteht ein Bruch – die folgende Variable „Ich halte mich stets an das, was ich gesagt habe" lädt auf den ersten Faktor nicht mehr, sondern lädt hoch auf den zweiten Faktor mit absteigender Reihenfolge, d. h. ab dieser Variable sind alle folgenden bis zum nächsten Bruch dem Faktor 2 zuzuordnen. Insgesamt laden vor einer weiteren Bearbeitung des Modells auf Faktor 1 15 Variablen, auf Faktor 2 10 Variablen, auf Faktor 3 11 Variablen, auf Faktor 4 7 Variablen und auf Faktor 5 ebenfalls 7 Variablen.

Wir bleiben aber nun zunächst bei Faktor 1 und suchen nach ggfs. nicht eindeutigen Ladungen. Wir stellen fest, dass zwei Variablen nicht eindeutig laden und der Unterschied kleiner als 0,1 ist. Bevor wir aber nun die Variablen entfernen, schauen wir die anderen Faktoren nach doppelten Ladungen durch. Wir schließen aus allen Ladungen zunächst die Variable aus, die die kleinste Differenz bei doppelter Ladung aufweist: „Ich glaube, dass die meisten Menschen es gut mit mir meinen" lädt auf den dritten Faktor mit ‚370 und auf den vierten mit ‚369 (siehe Abb. 7.10).

Wir führen also die gleiche Prozedur nur ohne die Variable erneut durch. Danach suchen wir in der rotierten Komponentenmatrix nach dem gleichen Prinzip nach der kleinsten Differenz und schließen die Variable „Ich vertraue in meine Fähigkeiten" – sie lädt auf den Faktor 5 mit −,492 und auf Faktor 1 mit ‚483. Wir gehen so so lange vor, bis wir nur noch eindeutige Ladungen auf allen

---

[14] Es handelt dabei um eine Konvention, die wir übernommen haben und empfehlen zu verwenden.

7.3 Berechnung einer Faktoren- und Reliabilitätsanalyse ...

Ich vermeide schwierige Situationen.	-,125	-,118	,481	-,237	-,302
Auch wenn ich enttäuscht werde, versuche ich immer den Anderen zu verstehen.	,115	,365	,453	,349	-,176
Ich bin ein vorsichtiger Mensch.		,285	,399	-,385	-,172
Ich bin stets freundlich gegenüber meinen Mitmenschen.		,294	,387		,253
Ich glaube, dass die meisten Menschen es gut mit mir meinen.			,370	,369	,244
Es fällt mir schwer auf Andere zuzugehen.				-,719	

Abb. 7.10 Nicht eindeutige Mehrfachladung Faktor 3 und 4

Faktoren haben. Dazu haben wir insgesamt 14 Variablen entfernen müssen. Das Variablenset enthält nun noch 36 Variablen, der KMO ist gesunken und liegt bei ,753.[15] Auf Faktor 1 laden nun 8 Variablen (siehe Abb. 7.11), auf Faktor 2 10 Variablen (siehe Abb. 7.12), auf Faktor 3 7 Variablen (siehe Abb. 7.13), auf Faktor 4 6 Variablen (siehe Abb. 7.14) und auf Faktor 5 5 Variablen (siehe Abb. 7.15).

Damit haben wir ein recht komplexes Modell. Die Faktorenanalyse deutet bei Ausschluss der Hälfte der Items bereits daraufhin, dass die Operationalisierungen weniger optimal verlaufen ist – dies kann sowohl an der Konzeptspezifikation als auch an der Formulierung der Items liegen. Wir schauen uns aber zunächst die Itemanalyse und die Bestimmung der Reliabilität bei den einzelnen Faktoren an.

7.3.2 Berechnung der Reliabilitätsanalyse

Im Anschluss an die Faktorenanalyse, mithilfe derer wir die (empirisch) zugrunde liegenden Strukturen identifiziert haben, berechnen wir für jeden Faktor eine Reliabilitätsanalyse, um die Messgenauigkeit der einzelnen Variablen in Bezug

---

[15] Da es sich bei den Faktorenladungen um die Korrelationen der Variablen mit dem Faktor handelt, verändern sich diese entsprechend bei Ausschluss einer Variable, ebenso kann sich der KMO verändern und verschlechtern.

Ungerechtigkeiten finde ich furchtbar.	,647	-,117			,187
Ich kenne meine Verpflichtungen und komme ihnen stets nach.	,618				-,285
Ich halte mich stets an das, was ich gesagt habe.	,615		,146		-,193
Ich setze alles daran, meine Ziele zu erreichen.	,579	,135	-,148	,152	-,309
In einem überfüllten Bus überlasse ich meinen Sitzplatz hilfsbedürftigen Menschen.	,573		,118		
Ich gebe nicht auf.	,572	,291	-,131	,138	-,313
Ich gebe mir stets Mühe, die Wahrheit zu sagen	,557		,184	-,157	-,128
Jeder kann und sollte die Welt besser machen	,537			,137	,252

Abb. 7.11 Rotierte Komponentenmatrix Faktor 1 der 5-Faktoren-Lösung. Relevant ist die erste Spalte von links

Mich bringt nichts aus der Ruhe.		,692	,363		
Ich bin nur schwer aus der Fassung zu bringen.		,590	,324		
Ich finde es nicht schlimm, nachts alleine nach Hause zu laufen		,580	,162		-,116
Schicksalsschläge von Fremden sind mir egal.	-,339	,556	-,204	-,249	
Ich bin besser als die meisten Anderen.	-,123	,555		,212	-,145
Ich bin mutig.	,164	,512	-,181	,241	-,226
Von Worten fühle ich mich schnell verletzt.	,271	-,497			,155
Zur Aufgabenbewältigung fallen mir verschiedene Lösungswege ein.	,152	,442		,199	
Ich habe keine Schwächen.		,420			-,163
Ich begeistere mich schnell für die unterschiedlichsten Themenbereiche.	,313	,418		,270	,201

Abb. 7.12 Rotierte Komponentenmatrix Faktor 2 der 5-Faktoren-Lösung. Relevant ist die zweite Spalte von links

7.3 Berechnung einer Faktoren- und Reliabilitätsanalyse ... 133

Um Streitigkeiten zu vermeiden, gebe ich lieber nach		,728	-,152	,216
Ich kann nur schwer nachgeben.	,114		-,696	,142
Ich rege mich schnell auf.		-,362	-,683	,177
Ich versuche Streitigkeiten zu vermeiden.	,238		,549	-,201	,114
Ich gebe alles für ein harmonisches Miteinander.	,348	-,192	,547	
Auch wenn ich enttäuscht werde, versuche ich immer den Anderen zu verstehen.	,313		,521	,376	,116
Ich bin stets freundlich gegenüber meinen Mitmenschen.	,284		,407		-,238

Abb. 7.13 Rotierte Komponentenmatrix Faktor 3 der 5-Faktoren-Lösung. Relevant ist die dritte Spalte von links

Es fällt mir schwer auf Andere zuzugehen.			-,735	
Ich gehe auf fremde Menschen zu und spreche sie an.	,279	,138		,694
Ich stehe ungern im Mittelpunkt.	,117		,133	-,635
Ich kann die Gefühle anderer gut nachempfinden.	,143	-,335	,292	,554
Es fällt mir leicht, Andere zum Lachen zu bringen.	,224			,493	,113
Neues probiere ich nur ungern aus.		-,341		-,445	,191

Abb. 7.14 Rotierte Komponentenmatrix Faktor 4 der 5-Faktoren-Lösung. Relevant ist die vierte Spalte von links

auf den Faktor zu überprüfen. Dabei wird, wie beschrieben, Cronbachs Alpha als Reliabilitätsmaß für den gesamten Faktor herangezogen.

Wir berechnen also in SPSS für jeden Faktor die Prozedur Reliabilitätsanalyse und tätigen hier verschiedene Einstellungen – wir wählen jeweils die entsprechenden Variablen aus und setzen unter Statistiken bei Skala, Skala, wenn Item gelöscht, Korrelationen ein Häkchen (siehe Abb. 7.16).

Ich verliere mich oft in Tagträumen.	-,107	,126	,603
Ich bin mit mir zufrieden.		,333	,133	-,571
Wenn ich mich einer Aufgabe widme, kommt oft nichts dabei heraus.	-,129			,565
Ich blamiere mich oft.		-,131		,558
Ich beklage mich oft.		-,273	-,308	,517

Abb. 7.15 Rotierte Komponentenmatrix Faktor 5 der 5-Faktoren-Lösung. Relevant ist die fünfte Spalte von links

Faktor 1 lässt sich nach der ersten Berechnung nicht mehr verbessern, daher interpretieren wir direkt die jeweiligen Statistiken. Bei Faktor 1 erreichen wir Cronbachs Alpha von ,759 (siehe Abb. 7.17) einen brauchbaren Wert, der sich nicht verbessern lässt – in den Item-Skala-Statistiken wird uns in der letzten Spalte kein höherer Cronbachs-Alpha-Wert angezeigt, wenn wir ein Item ausschließen würden. In der Inter-Item-Korrelationsmatrix sehen wir, dass es keine negativen Korrelationen gibt und die Items gering bis mittel miteinander korrelieren. Der Mittelwert der Items liegt zwischen 3,6 und 4,5.[16] Den Items war insgesamt also eher leicht zuzustimmen. Wir haben hier keine Variation von leichten bis schwierigen Items. In Bezug auf die Trennschärfe, also ob die Items jeweils etwas anderes messen und den Faktor gut repräsentieren, sehen wir, dass lediglich ein Wert über 0,5 liegt und damit nur bei einem Item die Trennschärfe hoch ist. Wie zuvor geschildert, empfiehlt es sich allerdings, eine Mindest-Trennschärfe festzulegen – wir würden hier 0,3 als unteren Grenzwert festlegen. Damit sind alle Items trennscharf.

Bei Faktor 2 erreichen wir mit ,620 zunächst nicht mal einen brauchbaren Cronbachs-Alpha-Wert, sehen aber in den Item-Skala-Statistiken, dass sich der Wert verbessern würde, wenn wir die Variable „Von Worten fühle ich mich schnell verletzt" entfernen und damit in einen brauchbaren Bereich kommen würden. Schauen wir in die Inter-Item-Korrelationsmatrix, zeigen sich bei diesem durchweg keine bzw. negative Korrelationen mit den anderen Items – ein eindeutiges Zeichen dafür, dass das Item inhaltlich nicht in den Faktor passt. Das lässt sich nur bestätigen, wenn wir uns die anderen Items auf einer inhaltlichen

---

[16] Die Skalierung war 1 = Trifft nicht zu, 2 = Trifft eher zu, 3 = Teils/Teils, 4 = Trifft eher zu und 5 = Trifft voll zu.

7.3 Berechnung einer Faktoren- und Reliabilitätsanalyse ...

Reliabilitätsanalyse: Statistik

Deskriptive Statistiken für
- ☑ Item
- ☑ Skala
- ☑ Skala, wenn Item gelöscht

Zwischen Items
- ☑ Korrelationen
- ☐ Kovarianzen

Auswertungen
- ☐ Mittelwerte
- ☐ Varianzen
- ☐ Kovarianzen
- ☐ Korrelationen

ANOVA-Tabelle
- ⦿ Ohne
- ○ F-Test
- ○ Friedman-Chi-Quadrat
- ○ Cochran-Chi-Quadrat

Bewerterübergreifende Übereinstimmung: Fleiss-Kappa
- ☐ Übereinstimmung bei einzelnen Kategorien anzeigen
- ☐ Zeichenfolgefälle ignorieren
  - ☑ Kategoriebeschriftungen als Zeichenfolgen werden in Großbuchstaben angezeigt

Niveau für asymptotische Signifikanz (%): 95

Fehlend
- ⦿ Benutzer- und systemdefiniert fehlende Werte ausschließen
- ○ Benutzerdefiniert fehlende Werte sind gültig

☐ Hotelling-T-Quadrat ☐ Tukey-Additivitätstest
☐ Intraklassen-Korrelationskoeffizient

Modell: Zweifach, gemischt   Typ: Konsistenz
Konfidenzintervall: 95 %   Testwert: 0

[Weiter] [Abbrechen] [Hilfe]

Abb. 7.16 Einstellungen Statistiken Reliabilitätsanalyse

Abb. 7.17 Cronbachs Alpha Faktor 1

Reliabilitätsstatistiken

Cronbachs Alpha	Cronbachs Alpha für standardisierte Items	Anzahl der Items
,759	,762	8

Item-Skala-Statistiken

	Skalenmittelwert, wenn Item weggelassen	Skalenvarianz, wenn Item weggelassen	Korrigierte Item-Skala-Korrelation	Quadrierte multiple Korrelation	Cronbachs Alpha, wenn Item weggelassen
Mich bringt nichts aus der Ruhe.	22,92	21,422	,576	,463	,667
Ich bin nur schwer aus der Fassung zu bringen.	22,55	22,723	,483	,379	,687
Ich finde es nicht schlimm, nachts alleine nach Hause zu laufen	22,18	21,066	,442	,216	,698
Schicksalsschläge von Fremden sind mir egal.	23,53	24,281	,322	,138	,717
Ich bin besser als die meisten Anderen.	23,32	22,962	,448	,219	,694
Ich bin mutig.	22,60	23,901	,408	,205	,701
Zur Aufgabenbewältigung fallen mir verschiedene Lösungswege ein.	21,82	25,591	,351	,181	,712
Ich habe keine Schwächen.	24,29	26,185	,314	,111	,717
Ich begeistere mich schnell für die unterschiedlichsten Themenbereiche.	22,07	24,902	,291	,125	,721

Abb. 7.18 Item-Skala-Statistiken Faktor 2

Ebene anschauen. Das betreffende Item geht inhaltlich in eine entgegengesetzte Richtung. Nach Ausschluss des Items erreichen wir ein Cronbachs Alpha von ,726, welches sich anschließend nicht weiter verbessern lässt, wie wir anhand der Item-Skala-Statistiken erkennen. Die Korrelationen zwischen den Items sind nun gering bis hoch. Die Mittelwerte der 9 Variablen bewegen sich zwischen 1,3 und 3,9, demnach können wir hier von einer unterschiedlichen Schwierigkeit sprechen – manchen Items ließ sich schwer zustimmen, andere liegen im Mittelfeld mit einer Tendenz zu leicht zuzustimmen. Bis auf ein Item („Ich begeistere mich schnell für die unterschiedlichsten Themenbereiche") sind alle trennscharf und liegen über 0,3 (siehe Abb. 7.18).

Faktor 3 lässt sich durch den Ausschluss von insgesamt 4 Variablen verbessern, allerdings erreichen wir auch hier keinen brauchbaren Wert. Nach der ersten Berechnung erhalten wir ein Cronbachs Alpha von ,132, in den Item-Skala-Statistiken werden uns zwei negative Werte angezeigt und der Hinweis von SPSS, dass es sich hier um eine „negativ[e] mittler[e] Kovarianz zwischen den Items" handle und dies „gegen die Annahmen über die Zuverlässigkeit des Modells" verstoße und die „Item-Kodierungen" überprüft werden sollten. Beide

7.3 Berechnung einer Faktoren- und Reliabilitätsanalyse …

Inter-Item-Korrelationsmatrix

	Um Streitigkeiten zu vermeiden, gebe ich lieber nach	Ich kann nur schwer nachgeben.	Ich rege mich schnell auf.	Ich versuche Streitigkeiten zu vermeiden.	Ich gebe alles für ein harmonisches Miteinander.	Auch wenn ich enttäuscht werde, versuche ich immer den Anderen zu verstehen.	Ich bin stets freundlich gegenüber meinen Mitmenschen.
Um Streitigkeiten zu vermeiden, gebe ich lieber nach	1,000	-,464	-,314	,516	,350	,254	,185
Ich kann nur schwer nachgeben.	-,464	1,000	,463	-,249	-,217	-,228	-,173
Ich rege mich schnell auf.	-,314	,463	1,000	-,190	-,132	-,409	-,290
Ich versuche Streitigkeiten zu vermeiden.	,516	-,249	-,190	1,000	,417	,212	,221
Ich gebe alles für ein harmonisches Miteinander.	,350	-,217	-,132	,417	1,000	,369	,277
Auch wenn ich enttäuscht werde, versuche ich immer den Anderen zu verstehen.	,254	-,228	-,409	,212	,369	1,000	,182
Ich bin stets freundlich gegenüber meinen Mitmenschen.	,185	-,173	-,290	,221	,277	,182	1,000

Abb. 7.19 Inter-Item-Korrelationsmatrix Faktor 3

Items weisen in der Korrelationsmatrix entsprechend negative Korrelationen mit den anderen Items auf (siehe Abb. 7.19). Die negativen Korrelationen deuten (wie oben angeführt) entweder auf ein invertiertes Item hin, das vergessen wurde umzucodieren oder darauf hin, dass die Items nicht zum Faktor passen. Angesichts des Inhalts der beiden Items würden wir hier Letzteres annehmen – inhaltlich messen „Ich kann nur schwer nachgeben" und „Ich rege mich schnell auf" etwas anderes als die weiteren Items des Faktors, die alle eher einen harmonischen Umgang miteinander messen. In den Item-Skala-Statistiken wird uns angezeigt, dass bei Entfernung von „Ich rege mich schnell auf" sich Cronbachs Alpha auf ,388 verbessern ließe. Anschließend können wir 3 weitere Items entfernen und erreichen so ein Cronbachs Alpha von ,690 – der Faktor enthält noch 3 Items, welche mittel bis hoch miteinander korrelieren, einen Mittelwert zwischen 3 und 3,8 aufweisen und damit in der Mitte liegen mit einer Tendenz dazu, dass es leicht war, ihnen zuzustimmen. Die Trennschärfewerte liegen bei 2 Items über 0,5, bei einem über 0,4, dieses repräsentiert die Skala etwas weniger gut.

Bei Faktor 4 erhalten wir einen negativen Cronbachs-Alpha-Wert und den bereits bei Faktor 3 erhaltenen Hinweis von SPSS in Bezug auf den Verstoß gegen die Zuverlässigkeit des Modells (siehe Abb. 7.20). Der Faktor wird also überhaupt nicht durch die 6 Items abgebildet und alles andere als genau gemessen. Wenn wir uns die Items inhaltlich anschauen, sehen wir, dass sie

Abb. 7.20 Cronbachs Alpha Faktor 4

Reliabilitätsstatistiken

Cronbachs Alpha[a]	Cronbachs Alpha für standardisierte Items[a]	Anzahl der Items
-,530	-,498	6

a. Der Wert ist negativ aufgrund einer negativen mittleren Kovarianz zwischen den Items. Dies verstößt gegen die Annahmen über die Zuverlässigkeit des Modells. Sie sollten die Item-Kodierungen überprüfen.

sich entweder widersprechen oder alle auf etwas anderes hindeuten. Wir können anhand der Item-Skala-Statistiken jedoch sehen, dass der Wert sich verbessern ließe auf −,081, wenn wir das Item „Ich gehe auf fremde Menschen zu und spreche sie an" entfernen. Anschließend lässt sich der Cronbachs-Alpha-Wert weiter verbessern, bis wir letztendlich einen positiven, aber dennoch nicht brauchbaren Wert von ,559 erreichen. Der Faktor enthält noch 3 Items, die mittlere Korrelationen aufweisen, Trennschärfewerte über 0,3 und Mittelwerte zwischen 2,3 und 3,5. Hier gibt es zumindest eine minimale Variation in Bezug auf die Schwierigkeit, aber hinsichtlich der Mittelwerte sehen wir, was uns bereits Cronbachs Alpha anzeigt – die Items repräsentieren die Skala nicht gut genug.

Nach der ersten Berechnung bei Faktor 5 erhalten wir ein Cronbachs Alpha von ,070. In den Item-Skala-Statistiken sehen wir erneut 4 negative Werte und den von SPSS uns bereits bekannten Hinweis, jedoch auch, dass wir Cronbachs Alpha verbessern könnten, wenn wir „Ich bin mit mir zufrieden" entfernen. Wir erhalten anschließend den Wert ,496, der sich nicht weiter verbessern lässt – auch mit Faktor 5 erreichen wir also keinen brauchbaren Wert. Der Faktor enthält noch 4 Items mit insgesamt geringen Korrelationen. Zwei Variablen weisen Trennschärfewerte unter unserer Mindestgrenze von 0,3 auf, zwei liegen knapp darüber. Bei der Schwierigkeit sehen wir Werte zwischen 1,9 und 3,3 – zumindest ein bisschen Variation –, den Items ließ sich eher schwer bis mittelmäßig zustimmen (siehe Abb. 7.21).

Im Anschluss würden wir uns nun die Dimensionen anhand der noch verbliebenen Variablen und deren inhaltlicher Gemeinsamkeit an und die Dimensionen entsprechend benennen. Das erscheint uns vor dem Endergebnis jedoch kaum sinnvoll. Da wir lediglich 2 Faktoren haben, die einen brauchbaren Cronbachs-Alpha-Wert erzielen. Da die angewendeten Verfahren der Verbesserung der Operationalisierung dienen und diese uns vor Augen geführt

Itemstatistiken

	Mittelwert	Std.-Abweichung	N
Ich verliere mich oft in Tagträumen.	3,30	1,270	195
Wenn ich mich einer Aufgabe widme, kommt oft nichts dabei heraus.	1,97	,846	195
Ich blamiere mich oft.	2,46	,932	195
Ich beklage mich oft.	2,72	1,183	195

Abb. 7.21 Itemstatistiken Faktor 5

haben, dass die Operationalisierung wenig erfolgreich war – ganz im Gegenteil, geht es nun um die Frage, wie man weiterverfahren würde. Angesichts der bereits vorhandenen reliablen und validen Instrumente zum Konstrukt Persönlichkeit, die nicht nur 2 Faktoren und auch deutlich mehr Items als die, die noch in den beiden Faktoren enthalten sind, annehmen, würden wir entweder dazu raten, von vorne anzufangen – die vorhandene Operationalisierung lässt sich kaum verbessern bzw. käme eine Verbesserung fast eines Neubeginns gleich – oder bereits vorhandene Instrumente zu nutzen. Dementsprechend entfällt hier auch der fünfte Schritt (Berechnung der Skalenwerte) der Konstruktion einer Likert-Skala.

Fazit
Wir haben in diesem Kapitel dargestellt, welche Verfahren zur Verbesserung einer Operationalisierung im Anschluss an einen Pretest angewendet werden können. Zunächst sind wir auf die Berechnung einer Faktorenanalyse eingegangen und dabei als Extraktionsmethode auf eine Hauptkomponentenanalyse, bei der drei Schritte im Kontext der Verbesserung einer Operationalisierung relevant sind: die Beurteilung der Eignung der Daten mithilfe des KMO, des Bartlett-Tests und der MSAs, die Bestimmung der Anzahl der zu extrahierenden Faktoren durch die Erklärte Gesamtvarianz und den Screeplot sowie die Extraktion und die Zuordnung der Variablen zu den Faktoren anhand der Faktorenladungen. Im Anschluss haben wir die Itemanalyse und die Bestimmung der Reliabilität beschrieben, welche für jeden berechneten Faktor einzeln vorgenommen werden muss. Die Itemanalyse erfolgt anhand der Beurteilung der Trennschärfe, des Schwierigkeitsindex und der Korrelationsmatrix, die Bestimmung der Reliabilität mithilfe von Cronbachs Alpha. Bei der exemplarischen Berechnung anhand eines im Rahmen eines unserer

Seminare erhobenen Datensatzes konnten wir im Anschluss an die Faktorenanalyse, die Itemanalyse und die Bestimmung der Reliabilität keine Verbesserung erzielen bzw. würde eine Verbesserung einer neuen Operationalisierung gleichkommen. Daran wird deutlich, dass eine Operationalisierung nicht leicht ist, beim ersten Mal nicht unbedingt gelingt und einige Sorgfalt, ggfs. (Vor)Kenntnisse und eine intensive Auseinandersetzung erfordert.

Fragen zur Reflexion

- Was ist das Ziel einer Hauptkomponentenanalyse?
- Stellen Sie sich vor, die Berechnung einer HKA in SPSS ergibt bei 30 Variablen 10 Faktoren, die das Kaiser-Kriterium erfüllen. Entspricht die Extraktion von 10 Faktoren dem Ziel einer HKA?
- Wozu berechnet man eine Reliabilitätsanalyse im Anschluss an die Faktorenanalyse?
- Ist ein Item, das eine Trennschärfe von ,135 und negative Korrelationen mit allen anderen Items aufweist, geeignet für die Skalenbildung?

Literatur

Verwendete Literatur

Backhaus, K., Erichson, B., Gensler, S., Weiber, R., & Weiber, T. (2021). *Multivariate Analysemethoden. Eine anwendungsorientierte Einführung.* 16. voll. überarb. u. erw. Aufl.. Wiesbaden: Springer.

Bühner, Markus (2011). *Einführung in die Test- und Fragebogenkonstruktion.* 3., aktual. u. erw. Aufl.. Hallbergmoos: Pearson.

Bühner, Markus (2021). *Einführung in die Test- und Fragebogenkonstruktion.* 4. korr. u. erw. Aufl.. München: Pearson.

Döring, N., & Bortz, J. (2016). *Forschungsmethoden und Evaluation in den Sozial- und Humanwissenschaften.* 5., vollst. überarb., aktual. u. erw. Aufl.. Berlin & Heidelberg: Springer.

Häder, M. (2019). Empirische Sozialforschung. Eine Einführung. 4. Aufl.. Wiesbaden: VS.

Kuckartz, U., Rädiker, S., Ebert, T., & Schehl, J. (2013). *Statistik. Eine verständliche Einführung.* 2., überarb. Aufl.. Wiesbaden: VS.

Rasch, B., Friese, M., Hofmann, W., & Naumann, E. (2021). *Quantitative Methoden 1. Einführung in die Statistik für Psychologie, Sozial- & Erziehungswissenschaften,* 5., überarb. Aufl.. Berlin: Springer.

Steiner, E., & Benesch, M. (2021). *Der Fragebogen. Von der Forschungsidee zur SPSS-Auswertung.* 6., aktual. u. überarb. Aufl.. Wien: facultas.

Beispiele für gelungene und weniger gelungene Operationalisierungen

8

> **Zusammenfassung**
>
> In diesem Kapitel werden exemplarisch gut gelungene Operationalisierungen anhand der Konstrukte Persönlichkeit und Prokrastination analysiert, um ein praktisches Verständnis des vorher theoretisch Erörterten zu vermitteln. Aus Fehlern kann man aber auch lernen – exemplarisch werden deshalb Operationalisierungen aufgegriffen, die aus Sicht der Autor*innen weniger gelungen sind. Die Analyse soll Fehler oder problematische Aspekte aufdecken, mit dem Ziel, die zuvor diskutierten Analyseverfahren üben und praktisch nachvollziehen zu können.

8.1 Beispiele gut gelungener Operationalisierungen

Anhand des Konstrukts Prokrastination soll ein Beispiel für eine gut gelungene Operationalisierung angeführt werden. Dabei soll insbesondere auf Ebene der Items gezeigt werden, wie ein theoretisches Konzept durch gut konstruierte Indikatoren gemessen werden kann. Dies geschieht anhand von Lays Procrastination Scale.

Das Wort Prokrastination kann von „procrastinare" (crastinum = morgiger Tag) aus dem lateinischen abgeleitet werden und bedeutet „aufschieben" (vgl. Gafni und Geri 2010, S. 115). Solomon und Rothblum verweisen darauf, dass das Aufschieben von Aufgaben durchaus ein alltägliches Verhalten ist, das in der Regel mit einem subjektiven Empfinden von Unwohlsein verbunden ist (vgl. Solomon und Rothblum 1984, S. 503). Das Aufschieben von Aufgaben ist jedoch nicht immer etwas Schlechtes, sofern das Aufschieben nicht zur Aufgabenvermeidung, sondern aus Gründen des Zeitmanagements geschieht. Tice und Baumeister argumentieren außerdem, dass stressresistente Menschen bzw. Menschen, die ein realistisches Zeitmanagement haben, davon profitieren können, wenn sie erst spät Aufgaben erledigen, weil sie unter Zeitdruck effizienter arbeiten können, da ihre Motivation steigt und außerdem in der Zwischenzeit sogar neue relevante Informationen auftauchen könnten, die die Bearbeitung einer Aufgabe erleichtert (vgl. Tice und Baumeister 1997, S. 455). Dieses Verständnis von Prokrastination ist allerdings recht weit, da darunter auch die Priorisierung von Aufgaben bzw. das geplante Aufschieben von Aufgaben fällt. Van Eerden verweist darauf, dass Prokrastination von Planung unterschieden werden muss, „because the delay is not purposely planned, but rather postponing the implementation of what was planned" (van Eerde 2003, S. 1402). Dem absichtsvollen und wohlkalkulierten Planen müsse das pathologische Prokrastinieren gegenübergestellt werden.

Andere Autor*innen unterscheiden zwischen passiver und aktiver Prokrastination (vgl. Chu und Choi 2005, S. 247). Unter passiver Prokrastination verstehen sie das pathologische oder nicht produktive Aufschieben von Arbeitsaufträgen, während aktive Prokrastination intentional ist und eine Strategie zur Bewältigung verschiedener Aufgaben darstellt: „Therefore, passive procrastinators differ from active procrastinators on cognitive, affective, and behavioral dimensions." (Chu und Choi 2005, S. 247) Choi und Moran entwickelten darauf aufbauend ein Messinstrument zur Messung von aktiver Prokrastination, in dem sie das Konstrukt aktive Prokrastination in vier Dimensionen mit jeweils vier Items abbildeten. Die Dimensionen lauten (1) Ergebniszufriedenheit, (2) Präferenz von Druck, (3) intentionale Entscheidung zum Prokrastinieren und (4) Fähigkeit, Deadlines einzuhalten (vgl. Choi und Moran 2009, S. 203).

Das Messinstrument, das wir uns im Folgenden näher ansehen werden, hat ein engeres Verständnis von Prokrastination und operationalisierte das Konstrukt nur als das, was bei Chu und Choi (2005) als passive Prokrastination bezeichnet wird. Laut Höcker et al. (2013, S. 10) ist Prokrastination „eine komplexe Störung der Handlungskontrolle, an der affektive, kognitive und motivationale Faktoren beteiligt sind". Dieser Prozess kann mit Fernie et al. Teufelskreis verstanden werden, in dem die Leistungsfähigkeit von Menschen dadurch sinkt, dass sie kognitiv damit beschäftigt sind, sich affektiv und motivational selbst zu regulieren (vgl. Fernie et al. 2017, S. 201).

Im Folgenden werden zunächst die Lays Procrastination Scale (LPS, vgl. Lay 1986, S. 477) präsentiert und anschließend die Itemkonstruktion kommentiert. Dieses Messinstrument umfasst insgesamt 20 Items zu unterschiedlichen Verhaltensweisen und Einstellungen, welche die Prokrastination eines Menschen charakterisieren. Lay konzipierte den LPS, bevor Chu und Choi (2005) zwischen passiver und aktiver Prokrastination differenzierten. Der LPS kann eindeutig der von Chu und Choi (2005) als passiv bezeichneten Form der Prokrastination zugeordnet werden. Der LPS existiert in zwei Varianten: Eine ist auf Studierende ausgerichtet, die andere auf Nicht-Studierende. Der Fragebogen für Studierende unterscheidet sich von dem allgemeinen Fragebogen in fünf der insgesamt 20 Items. Exemplarisch ist in Tab. 8.1 das Messinstrument für Studierende dargestellt.

Tab. 8.1 Fragebogen zur Prokrastination in studentischer Version

Nr	Item
1	I often find myself performing tasks that I had intended to do days before
2	I do not do assignments until just before they are to be handed in
3	When I am finished with a library book, I return it right away regardless of the date it is due
4	When it is time to get up in the morning, I most often get right out of bed
5	A letter may sit for days after I write it before mailing it
6	I generally return phone calls promptly
7	Even with jobs that require little else except sitting down and doing them, I find they seldom get done for days
8	I usually make decisions as soon as possible
9	I generally delay before starting on work I have to do
10	I usually have to rush to complete a task on time
11	When preparing to go out, I am seldom caught having to do something at the last minute
12	In preparing for some deadline, I often waste time by doing other things
13	I prefer to leave early for an appointment
14	I usually start an assignment shortly after it is assigned
15	I often have a task finished sooner than necessary
16	I always seem to end up shopping for birthday or Christmas gifts at the last minute
17	I usually buy even an essential item at the last minute
18	I usually accomplish all the things I plan to do in a day
19	I am continually saying „I'll do it tomorrow"
20	I usually take care of all the tasks I have to do before I settle down and relax for the evening

Das Antwortformat ist eindeutig und sinnvoll gewählt. Fünf Abstufungen der Likert-Skala ermöglichen eine ausreichende und trennscharfe Differenzierung sowie eine exakte, neutrale Mitte. Die Invertierung von 50 % der konstruierten Items erhöht die Qualität des Fragebogens. Zu kritisieren ist, dass einige der Items recht lang sind. Immerhin wurden jedoch keine eingeschobenen Nebensätze verwendet, höchstens einfache Nebensätze wurden gebildet. Aus heutiger Sicht ist ebenfalls zu kritisieren, dass mit Item 5 ein Problem beschrieben wird, das im Zeitalter des Mailverkehrs kaum noch Relevanz hat. Andererseits ist eine Anpassung des Items denkbar einfach, da das Wort Brief nur durch E-Mail ersetzt werden müsste. Demgegenüber steht außerdem das Argument, dass zumindest behördliche Angelegenheiten nach wie vor im Schriftverkehr erledigt werden müssen. Besonders gut gelungen ist, alle Aussagen so allgemein zu halten, dass sie von allen gleichermaßen gut beantwortet werden können. Das gilt auch für die Items 2, 3, 10, 13 und 14, die spezifisch für die studentische Version des Fragebogens sind, wobei Item 3 wahrscheinlich das einzige Item ist, das tatsächlich nur für Studierende Sinn ergibt. Wenn in Item 2 von Aufgaben gesprochen wird, dann können diese unabhängig vom Studienfach verstanden werden. Streng genommen könnte man also mit Ausnahme von Item 3 alle „studentischen" Items auch auf erwerbstätige Angestellte, die nicht in einer Managerrolle beschäftigt sind, anwenden, ohne dass es zu Missverständnissen kommen kann. Jedes Item misst genau einen Sachverhalt. Auf den ersten Blick scheinen die Items sehr ähnliche Komponenten von Prokrastination zu messen, bei genauerem Hinsehen fällt jedoch auf, dass sie bei aller Ähnlichkeit immer etwas Unterschiedliches messen. Zusammenfassend kann anhand dieser Skala gut aufgezeigt werden, wie die unterschiedlichen Aspekte von Prokrastination trennscharf durch Items abgefragt werden, die in ihrer Gesamtheit dann das Konstrukt Prokrastination vollständig abbilden. Insbesondere der zeitliche Aspekt, d. h. die Aufschiebung der Handlung sowie die Kontrolle über das Aufschieben werden differenziert abgefragt.

8.2 Beispiele schlecht gelungener Operationalisierungen

In diesem Kapitel werden anhand einiger Konstrukte und ihren assoziierten Messinstrumenten Beispiele von schlecht gelungenen Operationalisierungen aufgegriffen, um an ihnen exemplarisch Probleme in der Testkonstruktion aufzuzeigen. Dies geschieht anhand der Konzepte Technophobie, Belohnungsaufschub, Bedeutung verschiedener Lebensbereiche und schließlich Gütergebundenheit. Alle Messinstrumente können über das Open Access Repositorium für Mess-

8.2 Beispiele schlecht gelungener Operationalisierungen

instrumente der Online-Datenbank von gesis des Leibniz-Instituts für Sozialwissenschaften[1] eingesehen, heruntergeladen und auch für Forschungszwecke genutzt werden.

8.2.1 Technophobie

Unter Technophobie versteht Sinkovics (2003)[2] die Angst vor Technologie, im Entwicklungsreiter wird Technophobie als eine Aversion gegen bzw. Angstgefühle vor Technologien beschrieben. Das Konstrukt wurde in drei Dimensionen unterteilt und wird über 13 Items gemessen: Persönliche Niederlage (6 Items), Mensch-versus-Maschine-Problematik (4 Items) sowie Benutzerfreundlichkeit (3 Items). In der Zusammenfassung wird die erste Dimension als Persönliches Versagen statt als Persönliche Niederlage bezeichnet. Leider wurden die Dimensionen nicht operationalisiert, sodass unklar bleibt, welche Begriffsinhalte durch die Dimensionen abgedeckt werden bzw. wie sie sich trennscharf voneinander unterscheiden. Die vollständige Itemliste ist in Tab. 8.1 dargestellt. Auffällig ist direkt die ungleiche und nicht symmetrische Verteilung der Items auf die drei Dimensionen. Darüber hinaus ist die starke Fokussierung auf Bankautomaten bemerkenswert. Im theoretischen Hintergrund wird dies damit begründet, dass „durch die Tiefeninterviews eine Anzahl potentieller Produkte identifiziert, wie zum Beispiel Videorecorder, Telefonanrufbeantworter, Faxgeräte, CD-Spieler, Taschenrechner und Geldausgabeautomaten/Bankomaten. Nach eingehender Überlegung wurden letztere als Ankerprodukte gewählt."[3] Allerdings wird nicht klar, wie viele Interviews mit welcher Stichprobe unter welchen Bedingungen durchgeführt wurden. Des Weiteren wird geschrieben, dass die Auswahl letztendlich „nach eingehender Überlegung" auf Bankautomaten fiel, ohne dass dafür ein empirisches oder logisches Argument angeführt wird. Bisweilen erscheint diese Auswahl also willkürlich. Unabhängig davon ist es jedoch ausgeschlossen, dass über die Fokussierung auf eine konkrete Technologie eine allgemeine Technologiephobie gemessen werden kann. Diese Verallgemeinerung ist schlichtweg nicht zulässig. Auch der Hinweis, man könne die Technologie austauschen, ist unsinnig. Gleich Item 1 ergibt keinen Sinn, wenn man den Fragebogen auf die

---

[1] https://zis.gesis.org/
[2] https://zis.gesis.org/skala/Sinkovics-Technophobie
[3] https://zis.gesis.org/skala/Sinkovics-Technophobie

Technologie Internet benutzen wollte, da man nicht auf das Internet zugehen kann. Auch Item 9 ist spezifisch auf Bankautomaten ausgerichtet, da es keine Internetangestellten gibt, Item 10 zielt spezifisch auf Geldtransaktionen ab usw. Der Hinweis, dass in anderen Studien die Bankomaten durch andere innovative Produkte ersetzt werden können, ist wenig hilfreich, zumal validierte Instrumente ihre Validität in dem Moment verlieren, wenn sie verändert werden.

Erwähnenswert ist ebenfalls, dass auf der fünfstufigen Likert-Skala die Antwortmöglichkeiten so konstruiert wurden, dass 1 für „trifft stark zu" und 5 für „trifft keinesfalls zu" stehen. Auch wenn dies nicht grundsätzlich falsch ist, soll darauf hingewiesen werden, dass dies für manche Menschen verwirrend sein kann, je nachdem wie sie Zahlen und Begriffe assoziieren. Manche Menschen könnten mit starker Zustimmung auch mehr Zustimmung assoziieren und daher eine hohe Zahl (im Sinne von mehr) intuitiver finden, um Zustimmung auszudrücken. Wenn die Fragestellung nicht besonders gewissenhaft gelesen wurde, besteht die Gefahr, dass versehentlich alle Antworten verkehrt gegeben werden. Insofern empfehlen wir für niedrige Zustimmung auch niedrige Zahlen und vice versa zu verwenden.

Selbst wenn diese Probleme ignoriert werden, kommen bei der Analyse der Itemkonstruktion weitere Probleme zutage. Aus diesem Grund werden nun alle 13 Items der Reihe nach analysiert. Items 1–6 bilden die Dimension Persönliche Niederlage, Items 7–10 die Dimension Mensch versus Maschine und die Items 11–13 die Dimension Benutzerfreundlichkeit.

Item 1 beinhaltet das unspezifische Wort „irgendwie", außerdem steht im Fokus das Zugehen auf den Bankautomaten. Dieser Aussage zuzustimmen bedeutet nicht zwingend, dass eine Angst vor der Technologie des Bankautomaten ausgedrückt wird, da es unterschiedliche Gründe für eine solche Angst geben könnte – zumal die Konzeptspezifikation hier nicht offengelegt wird. Zum Beispiel könnte die Angst bestehen, ausgeraubt zu werden oder die Angst vor dem gemeint sein, was sich offenbart, wenn man am Bankautomaten angekommen ist, beispielsweise ein niedriger Kontostand, den man sich Ende des Monats vergegenwärtigen muss.

Item 2 und 4 messen, ob jemand durch Bankautomaten irritiert und aus der Ruhe gebracht werden kann. Eine solche generelle Reaktion auf Bankautomaten kann plausibel als emotional interpretiert werden, der Zusammenhang zu einer krankhaften Angst jedoch ist nicht unmittelbar gegeben. In Kombination mit anderen Items derselben Dimension könnte eine Angst zwar gemessen werden, allerdings zeigen diese kurzen Analysen der Items 1–6 die hohe Missverständlichkeit der Itemaussagen, sodass diese Annahme zu voraussetzungsvoll ist.

Item 3 zielt ausdrücklich nicht auf eine Angst, sondern auf das eigene Kompetenzerleben ab. Dass ein Bankautomat nicht gut bedient werden kann, kann unzählig viele plausible Gründe haben, die durch den Fragebogen nicht kontrolliert werden. Um ein paar Beispiele zu nennen: Die Körpergröße eines Menschen kann einen Einfluss auf die Bedienbarkeit eines Bankautomaten haben. Auch Rollstuhlfahrer*innen könnten bei hohen Bankautomaten erschwerte Bedingungen vorfinden. Ältere Menschen oder Menschen mit Sehschwächen könnten Schwierigkeiten bei der Auswahl bestimmter Optionen haben oder bei schlechten Lichtverhältnissen die Displayanzeigen nicht erkennen. Ebenso Menschen mit Erkrankungen, die ihre Motorik stark einschränken, wie z. B. an Parkinson erkrankte Menschen, denen es schwerer gelingt, eine Karte in den Kartenschlitz zu stecken oder die richtigen Tasten auszuwählen. In jedem Fall wird mit diesem Item keine Angst, sondern eine Kompetenz gemessen. Von fehlenden Kompetenzen lässt sich nicht zwingend auf eine Phobie schließen.

Items 5 und 6 sind besser konstruiert. Nervosität, die durch bloße Gedanken an eine Technologie entsteht, kann durchaus eine Angst indizieren. Es bleibt zwar das Argument bestehen, dass der Bankautomat nur als Repräsentant für die eigene finanzielle Situation steht, aber dies könnte durch andere Items kontrolliert werden. Ähnliches gilt für das Gefühl, von einem Bankautomaten eingeschüchtert zu werden.

Item 7 ist das erste Item aus der Dimension Mensch vs. Maschine. Wie bereits angesprochen, wurden die Dimensionen nicht spezifiziert, sodass unklar bleibt, was genau sie umschreiben. Sowohl der Dimensionsname als auch dieses Item, das die Dimension indiziert, scheinen jedoch auf eine Einstellung abzuzielen. Das Hauptproblem dieses Items entspringt allerdings dem Wort Bankangelegenheiten. Es kommt sehr auf die Bankangelegenheit an, würde man meinen, wenn entschieden wird, ob man einen Bankautomaten nutzen oder einen Menschen ansprechen möchte. Eine Beratung zu Vermögensanlagen ist nun mal deutlich komplexer und bringt sicherlich mehr Nachfragen hervor als das Auszahlen von Bargeld oder das Einsehen von Kontoauszügen. Das Wort Bankangelegenheiten ist so weit, dass darunter nahezu alles verstanden werden kann, was in einer Bank oder im Zusammenhang mit einer Bank gemeint sein könnte. Ein Bankautomat hingegen hat deutlich begrenzte Funktionen und kann z. B. keine komplexe Beratung durchführen. Darüber hinaus zeichnet sich hier eine weitere inhaltliche Unschärfe ab, denn unter der wohlwollenden Annahme, dass hier tatsächlich eine von spezifischen Bankangelegenheiten unabhängige Einstellung gemessen wird, zielt die Itemaussage doch eher auf ein Misstrauen gegenüber Technologien als eine generelle Angst vor ihnen ab. Misstrauen und Angst sind jedoch nicht zu verwechseln – diese Differenzierung fehlt hier jedoch.

Item 8 verdeutlicht noch stärker, dass hierbei politische Einstellungen und nicht Ängste gemessen werden. Dieses Item ist außerdem ein gutes Beispiel für suggestive Items, da es suggeriert, dass Bankautomaten unser alltägliches Leben bestimmen würden. Wie es zu dieser Aussage kommt, bleibt unklar. Allerdings ist es unmöglich, der Suggestion an sich zu widersprechen, denn wenn man der Aussage nicht zustimmt, gibt man an, dass man nicht gegen die Fremdbestimmung durch Bankautomaten ist. Menschen, die die Suggestion erkennen und diese nicht teilen, werden ggfs. den Fragebogen abbrechen oder willkürlich antworten, was Messfehler erzeugt. Schließlich ist erwähnenswert, dass das Item sehr lang ist. Eine kürzere Formulierung könnte beispielsweise lauten: Ich werde lieber von einem Bankangestellten bedient, als dass ich einen Bankautomaten nutze.

Item 9 zielt noch eindeutiger als Item 7 auf ein Misstrauen gegenüber Bankautomaten ab, nicht auf eine Angst, da es um Vertrauen geht. Nun könnte argumentiert werden, dass auch die Angst davor, dass ein Automat versagt oder fehlerhaft arbeitet, gemeint ist. Doch die Angst davor, dass ein Bankautomat fehlerhaft arbeitet, ist nicht mit einer phobischen Angst zu vergleichen, daher ist in jedem Fall die Operationalisierung zu unpräzise.

Item 10 ist ein weiteres Beispiel für eine Suggestion, allerdings eine, die etwas schwerer zu erkennen ist. In dem Item wird fälschlicherweise unterstellt, dass Bankautomaten die Geldangelegenheiten von Menschen erledigen würden. Dadurch wird suggeriert, dass ein Bankautomat eine eigene Agenda hat. Dass ein Bankautomat lediglich eine Maschine ist, die auf Auftrag eines Menschen einen Befehl ausführt, wird unterschlagen. Die Wortwahl ist bei der Itemkonstruktion entscheidend.

Die Items 11–13 müssten für die Messung einer Phobie invertierte Items sein, allerdings ist dies in der Instrumentenbeschreibung nicht erläutert. Auch wird kein Auswertungsschlüssel geliefert. Die Auswertungshinweise sind generell sehr sparsam: „Die für jedes Item angekreuzten Skalenpunktwerte können zu einem Gesamt-Punktwert aufaddiert werden, wenn eine Faktorenanalyse vergleichbare Faktorenladungen der Items aufzeigt (summated scale construction)."[4] Dass diese drei Items umcodiert werden müssten, damit die Addition einen Sinn ergibt, bleibt unerwähnt. Glücklicherweise weist der Dimensionsname Benutzerfreundlichkeit auf die Richtung der Items hin. Allerdings spiegelt sich in dem Namen ein weiteres Problem des Fragebogens wider. Diese drei Items messen nämlich,

---

[4] https://zis.gesis.org/skala/Sinkovics-Technophobie

inwiefern Bankautomaten angenehm zu bedienen sind, ohne das klar wird, wie dies mit einer Angst von Bankautomaten zusammenhängt.

Item 12 ist eine faktische Aussage. Allerdings ist der Vergleich unklar. Was ist mit „einfacher" gemeint: Online-Banking oder die Überweisung per Überweisungsschein? Ein Überweisungsschein wird doch auch nur von einem Bankangestellten in einen Computer eingegeben oder, wie seit Jahrzehnten üblich, von einem Gerät eingelesen. Dieses Item ist mehrdeutig und unklar, insofern kann es leicht missverstanden werden. Die Antworten auf das Item können konsequenterweise auch nicht eindeutig interpretiert werden.

Item 13 beinhaltet erneut eine Suggestion, da sie unterstellt, dass Bankautomaten bequem seien. Zudem ist der Begriff der Bequemlichkeit unscharf und sollte z. B. wie folgt präzisiert werden: „Ich finde es angenehm, dass Bankomaten bequem zu bedienen sind", damit klar ist, dass es um ihre Bedienung und Handhabung geht, nicht etwa um ihr Design. Doch das größte Problem für die Auswertung der Antworten bleibt die Suggestion. Wie ist es zu interpretieren, wenn jemand die Bequemlichkeit nicht als angenehm empfindet? Die Autor*innen des Fragebogens sind wohl davon ausgegangen, dass eine geringe Zustimmung als Ablehnung der Bequemlichkeit interpretiert werden könne. Die Zustimmung ist aber auf das angenehme Empfinden bezogen. Wer also aufmerksam das Item bearbeitet, kann nicht anders als voll zuzustimmen.

8.2.2 Belohnungsaufschub

Da der Fragebogen von Blass (2014)[5] nicht validiert wurde und auch die Reliabilität lediglich in drei kleinen Stichproben ermittelt wurde, wird an dieser Stelle nicht mehr auf inhaltlicher (Schritt 1 unseres Verständnisses) analysiert. Stattdessen beschränken wir uns auf die konstruktionstechnische Ebene der Items (Schritt 4). Der Fragebogen besteht aus 12 Items, die in ihrer Summe eindimensional das Konstrukt Belohnungsaufschub messen sollen. Die Items sind in Tab. 8.2 aufgelistet. Antwortende können nur dichotom antworten und zwischen „stimmt" und „stimmt nicht" entscheiden. Damit wird von vornherein nur ein sehr geringer Differenzierungsgrad erreicht und der Aussagegehalt beschränkt. Empfehlenswert wäre es hingegen, auf Intervallskalenniveau abzufragen. Im Folgenden werden beispielhaft die ersten fünf Items analysiert.

---

[5] https://zis.gesis.org/skala/Blass-Belohnungsaufschub

Tab. 8.2 Items des Technophobie-Fragebogens von Sinkovics (2003)

Nr	Item
1	Irgendwie fühle ich mich einfach ängstlich, wenn ich auf einen Bankomaten zugehe
2	Bankomaten regen mich auf
3	Ich denke, die meisten Leute können einen Bankomaten besser bedienen als ich
4	Ich fühle mich frustriert, wenn ich einen Bankomaten benutze
5	Wenn ich an Bankomaten denke, werde ich nervös
6	Bankomaten schüchtern mich ein
7	Mir ist es lieber, wenn ich bei meinen Bankangelegenheiten von Leuten bedient werde, als dass ich einen Bankomaten benutze
8	Ich bin dagegen, dass Bankomaten unser alltägliches Leben so bestimmen
9	Ich habe mehr Vertrauen zu einem Bankangestellten als zu einem Bankomaten
10	Die Geldangelegenheiten von Menschen sollten nicht von Maschinen erledigt werden
11	Ich fühle mich wohl, wenn ich Bankomaten benutze
12	Bankomaten machen Banktransaktionen einfacher
13	Ich finde es angenehm, dass Bankomaten so bequem sind

Die Satzkonstruktion von Item 1 ist recht kompliziert. Eine kürzere Variante könnte z. B. lauten: „Ich kaufe was ich haben will, auch wenn ich es mir nicht leisten kann."

Item 2 beinhaltet eine Redewendung: „Von der Hand in den Mund zu leben". Menschen, die mit dieser Redewendung nicht vertraut sind, könnten die Redewendung eventuell nicht oder falsch verstehen. Es stellt sich die Frage, ob der Teil des Items, der mit der Redewendung ausgedrückt wird, wirklich benötigt wird, um den Iteminhalt zu messen. Wenn das Item invertiert die Bereitschaft zum Sparen messen möchte, könnte eine Formulierung wie „Es fällt mir schwer, langfristig auf etwas zu sparen" die Redewendung obsolet machen. Möchte man die Gegenüberstellung beibehalten, könnte die Redewendung stattdessen übersetzt werden: „Ich gebe mein Geld lieber aus, statt längerfristig auf etwas zu sparen." Theoretisch könnte auch das Wort längerfristig gestrichen werden, allerdings bietet es einen inhaltlichen Mehrwert, weil die direkte Geldausgabe so stärker kontrastiert wird.

Item 3 ist erneut umständlich im Satzbau. Eine leichter zu lesende Alternative könnte z. B. lauten: „Ich kaufe oft mehr als ich mir vorgenommen hatte."

8.2 Beispiele schlecht gelungener Operationalisierungen

Item 4 ist im Grunde gut konstruiert, wenn auch wieder etwas lang. Zu überlegen wäre, ob das Item nicht zu vorsichtig formuliert ist, indem es mit einer Kann-Formulierung arbeitet. Kann-Formulierungen haben den Nachteil, dass ihnen meist zugestimmt werden muss, da Möglichkeiten in aller Regel immer existent sind. Itemaussagen sollten stark genug sein, um eine Differenzierung innerhalb einer Stichprobe zu erreichen. Das bedeutet, dass die Itemschwierigkeit nicht zu niedrig sein darf (s. Kap. 7). Bei dichotomen Items, wie in diesem Fragebogen, ist eine Aussage über Itemschwierigkeiten ohnehin wenig aussagekräftig. Erfahrungsgemäß haben allerdings Items mit Kann-Formulierungen die Tendenz, zu einfach zu sein.

Item 5 ist ein gutes Beispiel für ein Item, in dem verdeckt mehr als eine Information gemessen wird, wodurch Antwortende verwirrt sein können. Einerseits geht es im Item um die Bewertung, ob viel Sparende selbst an etwas Schuld seien, andererseits geht es um die Begründung, dass sie nichts von ihrem Leben hätten. Das Problem entsteht also durch den letzten Nebensatz im Item. Es kann vorkommen, dass jemand also der Schuldzuweisung zustimmen möchte, mit der Begründung, dass sie nichts von ihrem Leben hätten, jedoch nicht einverstanden ist.

8.2.3 Bedeutung verschiedener Lebensbereiche

Das Messinstrument von Münch et al. (1999)[6] erfasst, welche Bedeutung Menschen zentralen Lebensbereichen beimessen. Es besteht aus acht Items, die halbsatzartig konstruiert wurden und die auf einer siebenstufigen Ratingskala zwischen „überhaupt nicht wichtig" bis „sehr wichtig" bewertet werden, wobei nur das Minimum und Maximum des Antwortspektrums verbal beschrieben wurden und die mittigen fünf Antwortmöglichkeiten nur eine numerische Beschriftung aufweisen. In Tab. 8.3 ist die gesamte Itemliste dargestellt. Gemessen werden zwei Dimensionen, nämlich Beruf und Karriere sowie Partnerschaft und Sexualität.

Zunächst ist unklar, warum eine auf sieben Stufen differenzierte Antwortskala einer fünfstufigen Skala vorzuziehen ist, obwohl die mittleren fünf Antwortmöglichkeiten nicht begrifflich bestimmt wurden. Hinsichtlich der Inhaltsvalidität bleibt offen, ob die acht gelisteten Lebensbereiche tatsächlich

---

[6] https://zis.gesis.org/skala/M%C3%BCnch-H%C3%BCbner-Reinecke-Schmidt-Bedeutung-verschiedener-Lebensbereiche

Tab. 8.3 Items des „Belohnungsaufschub"-Fragebogens von Blass (1997)

Nr	Item
1	Wenn ich etwas sehe, was ich gerne haben möchte, kaufe ich es im Allgemeinen, ob ich es mir leisten kann oder nicht
2	Ich finde es besser, „von der Hand in den Mund zu leben", als längerfristig auf etwas zu sparen
3	Wenn ich einkaufe, fällt es mir schwer, nur das zu kaufen, was ich mir vorgenommen habe
4	Wenn man nicht versucht, seine Wünsche sofort zu erfüllen, kann es sein, dass man im Leben etwas versäumt
5	Leute, die viel sparen und deshalb auf vieles verzichten müssen, sind selbst schuld, denn sie haben nicht viel vom Leben
6	Beim Einkaufen bin ich häufig versucht, spontan Dinge zu kaufen, die mir gerade ins Auge stechen
7	Im Allgemeinen lege ich für mögliche Notfälle in der Zukunft etwas Geld zurück
8	Wenn ich etwas gerne haben möchte, fällt es mir schwer, längere Zeit darauf zu warten
9	Gegen Monatsende bin ich immer knapp bei Kasse
10	Ich habe immer ausreichend Vorräte für Notzeiten zuhause
11	Ich plane im Leben immer alles gründlich, bevor ich etwas entscheide
12	Wenn ich einkaufe, komme ich häufig mit Dingen nach Hause, die ich eigentlich gar nicht wollte

alle für Menschen relevanten Lebensbereiche abdecken. Hobbys bzw. Freizeit sind beispielsweise nicht aufgeführt, Freundschaften bzw. Peergroups fehlen ebenfalls. Außerberufliche Arbeiten, z. B. Ehrenämter, Vereinsarbeiten stellen für viele Menschen ebenso einen zentralen Lebensbereich dar wie Kultur und außerschulische oder außerberufliche, d. h. informelle Bildung. Wenn Sexualität als Lebensbereich aufgeführt wird, könnten Gesundheit, Sport, Essen, Entspannung und viele weitere Aspekte des menschlichen Lebens gelistet werden. Doch leider gibt es keinen theoretischen Hintergrund, auf den sich die Autor*innen beziehen, sodass diese Liste willkürlich erscheint. Das Vorkommen von „Sexualität" als Lebensbereich ist dennoch nicht dem Zufall geschuldet und kann aus der Genese des Messinstruments verstanden werden, da es aus dem Projekt Kontrazeption und Sexualität 16–24-jähriger Jugendlicher und junger Erwachsene im Auftrag der „Bundeszentrale für gesundheitliche Aufklärung (BZGA)" durchgeführt wurde. Insofern ist fragwürdig, ob der Skalenname tatsächlich angemessen ist, weil er impliziert, dass nicht die Bedeutung von spezifischen, sondern von allgemeinen Lebensbereichen gemessen werden. Zudem ist ein Zusammenfassen komplexer Konstrukte zu einer Dimension nicht sinnvoll. Eine Dimension sollte eine Eigenschaft abbilden und nicht mehrere. Das wäre keine präzise Spezifikation. Zudem ist die Zuordnung problematisch – Karriere ist eine Eigenschaft von Beruf, Sexualität eine von Partnerschaft, natürlich kann das auch andersherum spezifiziert werden. Aber die Begriffe sind nicht gleichzusetzen, die Dimension aber mit Beruf und Karriere oder mit Partnerschaft und Sexualität zu überschreiben, suggeriert, dass die Begriffe synonym und wenig komplex sind – was aus unserer Sicht nicht zutreffend ist. Zudem wird die Dimension Partnerschaft und Sexualität mit sich selbst abgefragt (Item 1 und 4) – hier wurde keinerlei Konzeptspezifikation und Übersetzung vorgenommen. Schließlich ist kritisch anzumerken, dass manche Items nicht trennscharf voneinander zu differenzieren sind, da sie in Teilen deckungsgleich sind, d. h. inhaltliche Übereinstimmungen aufweisen (am auffälligsten bei Item 7 und 8).

Fazit

Die Operationalisierung eines Konstrukts ist entscheidend dafür, ob eine empirische Untersuchung valide ist. Die in diesem Kapitel formulierten Regeln sollen Fragebogenkonstrukteur*innen dabei unterstützen, ihr Messinstrument möglichst ohne systematische Messfehler zu erstellen. Für die Itemkonstruktion konnten konkrete Regeln formuliert werden, welche die Einfachheit der Items begünstigen.

> **Fragen**
>
> Versuchen Sie sich nun selbst an einer ausführlichen Kritik eines Fragebogens. Das Messinstrument von Scherhorn et al. (1999)[7] misst eindimensional das Konstrukt Gütergebundenheit mit zehn Items auf einer sechsstufigen Likert-Skala. Die Autor*innen haben die operationale Definition von Gütergebundenheit wie folgt formuliert: „Von der Gütergebundenheit einer Person kann man dann sprechen, wenn der Selbstausdruck der Person in sehr starkem Maße durch materielle Güter erfolgt."[8] Lesen Sie sich den theoretischen Hintergrund und die Entwicklungsgeschichte in der angegebenen Quelle durch, beurteilen

---

[7] https://zis.gesis.org/skala/Scherhorn-Haas-Hellenthal-Seibold-G%C3%BCtergebundenheit
[8] Scherhorn et al. (1999).

Tab. 8.4 Items des „Bedeutung verschiedener Lebensbereiche"-Fragebogens von Münch et al. (1999)

Nr	Item
1	Eigene Partnerschaft
2	Schulische und berufliche Ausbildung
3	Finanzielle Situation
4	Sexualität
5	Eigene Familie und Kinder
6	Berufliches Vorankommen
7	(Später) erwerbstätig zu sein
8	(Später) erwerbstätig zu sein und Kinder zu haben

Tab. 8.5 Items des „Gütergebundenheit"-Fragebogens von Scherhorn et al. (1999)

Nr	Item
1	Ich finde es schön, viele Sachen zu haben, z. B. viele Kleider, verschiedene Sportgeräte usw.
2	Ich umgebe mich gern mit schönen, wertvollen Dingen
3	Die Atmosphäre in modernen Einkaufszentren und -passagen finde ich anregend
4	Wenn ich mir etwas Neues gekauft habe, fühle ich mich richtig glücklich
5	Ich finde nichts dabei, ein neues, verbessertes Gerät zu kaufen, auch wenn das alte Modell noch funktioniert
6	Was mir sehr wichtig ist: eine exklusive Atmosphäre, wertvolles Zubehör, schicke Kleidung
7	Wenn eine neue Mode herauskommt, dann gefallen mir meine älteren Sachen (nach einiger Zeit) nicht mehr so gut
8	Ich denke oft daran, wie schön es wäre, wenn ich mir mehr Luxus leisten könnte
9	Alles, womit ich mich umgebe, muss einen gewissen Stil und ein gewisses Niveau haben
10	Für mich ist es selbstverständlich, mein Büro/mein Haus/meine Wohnung mit fortschrittlichen Neuentwicklungen auszustatten (z. B. mit arbeitserleichternden oder energiesparenden Geräten)

Sie die Einhaltung der Gütekriterien und analysieren Sie anschließend die Tab. 8.4 aufgelisteten Items hinsichtlich der in Abschn. 8.5 vorgeschlagenen Operationalisierungsregeln und orientieren Sie sich an den in diesem Kapitel durchgeführten Beispielanalysen und der beispielhaften Operationalisierung in Kap. 6 (Tab. 8.5).

Literatur

Blass, W. (1997). Belohnungsaufschub. Zusammenstellung sozialwissenschaftlicher Items und Skalen (ZIS): https://doi.org/10.6102/zis133.

Choi, J. N., & Moran, S. V. (2009). Why Not Procrastinate? Development and Validation of a New Active Procrastination Scale. The Journal of Social Psychology, Vol. 149, No. 2, S. 195–211.

Chu, A. H., & Choi, J. N. (2005). Rethinking Procrastination: Positive Effects of "Active" Procrastination Behavior on Attitudes and Performance. The Journal of Social Psychology, Vol. 145, Issue 3, S. 245–264.

Fernie, B. A., Bharucha, Z., Nikčević, A. V., Marino, C., & Spada, M. M. (2017b). A Metacognitive model of procrastination. Journal of Affective Disorders, Vol. 210, S. 196–203.

Gafni, R., & Geri, N. (2010). Time Management: Procrastination Tendency in Individual and Collaborative Tasks. Interdisciplinary Journal of Information, Knowledge, and Management, Vol. 5, S. 115–125.

Höcker, A., Engberding, M., & Rist, F. (2013). Prokrastination. Ein Manual zur Behandlung des pathologischen Aufschiebens. Göttingen: Hogrefe.

Lay, C. H. (1986). At last, my research article on procrastination. Journal of Research in Personality, Vol. 20, Issue 4, S. 474–495.

Münch, K., Hübner, M., Reinecke, J., & Schmidt, P. (1999). Bedeutung verschiedener Lebensbereiche. Zusammenstellung sozialwissenschaftlicher Items und Skalen (ZIS): https://doi.org/10.6102/zis42.

Scherhorn, G., Haas, H., Hellenthal, F., & Seibold, S. (1999). Gütergebundenheit. Zusammenstellung sozialwissenschaftlicher Items und Skalen (ZIS): https://doi.org/10.6102/zis202.

Sinkovics, R. (2003). Technophobie. Zusammenstellung sozialwissenschaftlicher Items und Skalen (ZIS): https://doi.org/10.6102/zis62.

Solomon, L. J., & Rothblum, E. D. (1984). Academic Procrastination: Frequency and Cognitive-Behavioral Correlates. Journal of Counseling Psychology, Vol. 31, No. 4, S. 503–509.

Tice, D. M., & Baumeister, R. F. (1997). Longitudinal Study of Procrastination, Performance, Stress, and Health: The Costs and Benefits of Dawdling. Psychological Science, Vol. 8, No. 6, S. 454–458.

van Eerde, W. (2003a). A meta-analytically derived nomological network of procrastination. Personality and Individual Differences, Vol. 35, Issue 6, S. 1401–1418.